JN022177

Una visione della nuova prossimità

イタリア都市再生の質的検証

新しい近接性の形成に向けて

井上典子 編 Noriko Inoue

ナカニシヤ出版

目　次

序章

都市再生と近接性（Prossimità）

イタリアのポストアーバン

コミュニティの空間的な領域が歴史的に基礎的自治体（以下、コムーネ）として発展し、そのそれぞれが強い自治権を持つ北イタリア諸都市では、家族や地縁、産業構造等に基づく地域的連帯の存在が指摘されてきた。こうしたイタリアにおいて、近年、社会関係を再構築する動きが顕著である。背景には、厳しい財政緊縮策によってここ10年あまりの間に実施されてきた様々な社会経済政策による影響があると考えられる。たとえばラディカルな年金改革や労働政策の転換は[1]、近隣のネットワークを軸に発展してきたイタリア特有の就業形態を変えることで一部において格差を拡大し、貧困率は上昇した[2]。これに加えてCovid-19のパンデミックは、高齢者や単身者の孤立あるいは医療崩壊等を通じて地域社会の脆弱性を明らかにした。現在進められているいわゆる公民協働、すなわち、サードセクターと公共セクターとの連携強化やこれに対する地域福祉分野の機能的な分与は、こうした不安定な実態への反応として不平等や排除を改善し、住民に最も身近な近隣圏に安心できる暮らしを担保しようとする動きの一つとして理解することができる。

都市政策分野においても、2014年には大都市圏制導入という大きな改革が実施され、これによって州、県、コムーネに加えて、全国14ヵ所に大都市圏（città metropolitana）が形成された[3]。現在イタリアは、単一コムーネによる行政から大都市圏行政への転換期にある。大都市圏制の導入は北部州における大都市の主導的位置づけを決定づけるとともに、領域に規定されてきたコムーネ都市行政に自治体間連携としての水平的調整を持ち込んだ（井上 2021）。中枢市で急激に進む都市イノベーションや、肥大化してリージョン

1） cf. 平野泰朗（2017）

2） ISTAT, Povertà.
http://www.vita.it/it/article/2022/06/15/istat-poverta-ai-massimi-storici-circa-56-milioni-in-povertaassoluta/163207/#:~:text=Istat%3A%20Povert%C3%A0%20ai%20massimi%20storici,%2F2022)%20%2D%20Vita.it

3） 2014年4月7日法律第56号による地域制度改革により、コムーネ（基礎的自治体）、プロヴィンチャ（県）、レジオーネ（州）のほかに州都を中枢市とするチッタ・メトロポリターナ（大都市圏）が導入され、現在、14大都市圏が形成されている（井上 2021）。

を形成するポストアーバン世界としての「北イタリア大都市圏ネットワーク」の展開それ自体は非常に興味深い動きではあるものの[4]、自治体間連携の構築や大都市への権限の集中等は、個別コムーネやそこでの暮らしに無視できない影響を与えている。また、複合化する社会経済問題は大都市圏の将来像を不透明なものにしており、世界的な環境問題（地球温暖化、生物多様性の喪失等）や人口減少、高齢化だけでなく、貧困や格差、ジェンダー、文化的多様性、公共交通、都市農地、自然災害や災害への対応など、都市生活に深く根を張るこれらの問題群は、いずれも大都市圏の大きな課題となっている。

大都市圏形成を目的として急激な都市空間の再編が検討されているが、こうしたなかで、地域環境を破壊し、排除を生み出す可能性が極めて高い都市再生分野において特に、サードセクターをはじめとした住民組織の役割とその重要性に対する認識が高まり、都市政策に対する住民参加のあり方を抜本的に見直す動きが生じている。こうした動きには、コミュニティ・プランニング等の実践に関する方法論的アプローチだけでなく、より差し迫った課題解決を目論む、現実的で直接的な参加のあり方への模索を認めることができる。

都市内分権とコミュニティの制度化

本書が対象とするボローニャでは、住民にとって不安定な現状に対峙するため、公民協働および住民参加の拠点として、都市内分権を通じて形成された地域自治組織を位置づけている。本書第２章において細かく触れるが、イタリアにおける都市内分権は、全国を対象に1976年に導入された[5]。ボローニャでは、国の制度化に先立つ1960年代より、コムーネの領域はクアルティエレ（地区）に区分され、地域自治組織に対する地域内分権が実践されてき

4） cf. エドワード・ソジャ（2018）
5） 最初の法律は、1976年４月８日法律第278号。

た。この経験は、イタリアにおいても重要な意味を持つものである。

1960年代、70年代におけるボローニャのクアルティエレに言及したものとして、当時、首長であったグイド・ファンティによる論稿がある[6)]。ファンティは、この時期のボローニャを、「都市政策」と「市民参加」という2分野の連携を構築した都市として位置づけている。ボローニャのクアルティエレは地区議会としての地区評議会を持ち[7)]、コムーネ議会によって任命された評議員（現在は公選制）によって構成される地区評議会は、「一定地域の住民の総体的参加を表現する」（ファンティ 1976: 99）組織として機能するとともにコムーネ全域の都市問題に関する議決権や決算権を持った。したがって地区住民は、この組織を通じて都市計画や自治体間連携計画策定など都市行政に関する公的な意思決定や利害調整に関与したと考えられる。また、このように地区ごとに住民自治の中核が形成されたことは、ボローニャ都市行政の多極的な特徴を生み出す要因ともなった。

ボローニャの都市内分権と地区評議会を通じた住民自治の動きは、現在の市民活動に対して強い影響を与える無形のレガシーとして理解されるとともに（Orioli, Massari 2020）、高度経済成長期に導入されたイタリアの住民参加として、その後の変化を追跡しうる貴重な事例となっている[8)]。

イタリアの都市内分権には、近年、経済危機、財政緊縮策、政治と住民生活との乖離等を背景とした段階的な予算の削減や業務の単純化が確認される。ボローニャにおいても、地区評議会は自治体業務の補完的諮問機関として把握されるようになり、地域自治組織としての認識も徐々に希薄化した。しかし、こうしたなかで、クアルティエレを通じた公民協働や住民参加のあり方が見直され、行政内部化しつつあった地区評議会を自治的な住民活動の核として再構築する動きがある。

6） グイド・ファンティ（1973）

7） Consiglio di quartiere

8） その成果に対する批判的分析として、e.g. Penzo, P.（1980）

地区評議会の現在

2014年の大都市圏制導入は、並行して各大都市圏中枢市において都市内分権の再編を促した。たとえばミラノ大都市圏の中枢市ミラノ（コムーネ）は、従来の20地区から９地区へと地区割を見直している。エミリア・ロマーニャ州では、ボローニャを中枢市として自治体間連携に基づいて構成される大都市圏が形成されたが、同時に都市内分権も改定された[9)]。2015年のこの改定は、それ以前の９地区制から６地区制へと区画変更を行うとともに、クアルティエレの業務として「地域環境管理分野（土地利用・市街地・公共施設・環境等）」と「コミュニティ形成分野（教育・医療・地域福祉・コミュニティの活性化等）」を強化し、これらを軸に地域自治組織として行政と住民との近接的な関係構築を促すという新たな役割を担うことになった（Tubertini, Massarenti 2022）。

イタリアの都市再生分野における住民参加については、1990年代に郊外各地で行われた大規模な再開発への対応としてのコミュニティ・プランニングによる協議や調整手法が知られているが、これらは現在、多様なアクターの参画によるクアルティエレを拠点とした参加型の共同設計や参加型地域福祉計画の策定等へと発展している[10)]。また、ボローニャにおいても、クアルティエレ・ラボラトリの運営が開始した[11)]。リビング・ラボを通じて広く人々が制度設計、共同計画、製品開発等に参加する仕組みは、EU 諸国だけでなく日本をはじめ多くの国で導入が進む住民参加の一つの方法であるが、ボローニャの場合、すでに運営されていた住民センター等を基盤に、これに重層する形で地縁等に縛られない非常に広範なアクターの参加を制度化する動きとして広がっている。事前登録が必要なクアルティエレの専門委員会や審議会とは異なり、クアルティエレ・ラボラトリは直接的でよりオープンな住民討

9）現在のボローニャでは、コムーネ憲章のほか、「分権に関する規則 Regolamento sul decentramento」を通じて地区評議会についての詳細が規定されている。

10）共同設計はここでは co-progettazione の訳で日本語訳は筆者による。1990年代の参加については、以下を参照。Paba, G.（1998）pp.85-98.

11）Laboratorio di Quartiere

議の場として準備されているだけでなく、住民同士のつながりや住民と行政との連携を深め、多様な協働の推進基盤を形づくる特別な場所としても位置づけられている。したがって、今後、クアルティエレを核に、地域環境管理やコミュニティ形成のそれぞれの分野に関わる多くのサードセクター、大学、病院、専門家、行政組織が活動し、クアルティエレは、多様なアクターによる横断的なネットワーク形成とこれらによる協働の場所として成長することが期待されている。本書のテーマとなる都市再生に関する計画策定や事業内容も、このクアルティエレ・ラボラトリでの討議を経て決定される。

都市再生

イタリア都市政策に関する日本への初期の紹介は、1970年代末に集中している。この時期に用いられた都市再生という用語は、歴史地区に残る古い建造物を修復し、居住、商業等の空間として再利用する修復型都市再生事業を指すものであった。当時、イタリアが抱えていた都市問題は高度経済期における激烈な都市化であり、急激な都市への人口集中や郊外における新都市建設は、都市行政に対して社会基盤の整備を要請した。しかし、その整備に必要となる膨大な経費は基礎的自治体の財政を著しく圧迫する規模となったため、すでに一定の社会基盤を備えた既成市街地（歴史地区）を居住地として再利用するという都市政策は、財政的観点からコムーネの都市行政にとって合理的な意味を持っていた。

新都市建設と歴史地区保全とを両輪としたイタリア都市政策に変化が生じるのは、グローバル化による産業構造への影響が顕著となる1980年代末から1990年代である。この時期、北部諸都市は、産業地区の空洞化や市街地の拡大分散化という問題に直面した。ミラノおよびトリノ大都市圏内に所在する自動車工場跡地にみられるように[12)]、EU 資金を用いた大規模再開発が次々と実施され、都市政策においても都市計画規制から都市再生事業への移行が進

12） e.g. https://www.centrocommercialelingotto.it/

んだ。土地利用を大きく変える都市再生事業に対し住民や専門家による批判が高まったが、実際には社会的課題や排除の構造を内在させた難しい対象は残され、現在に至るまで長期的な検討対象となっている。これらは、たとえば長年放置された旧兵舎や鉄道関連施設、大規模な公営住宅群、衰退した商業空間の都市再生である。

旧兵舎については住民見学会等が行われているものの、土壌汚染など容易に解決できない課題を含んでおり解決への模索が続いている[13)]。一方で、1950年代から1960年代に歴史地区から離れた農村部に建設され全国に展開する公営住宅群は、今日では、公共空間の設計などに当時の実験的試みがみられる建築遺産として注目され、また、その保全や再利用手法が検討されている。これらは、建造物の磨耗以外にも高齢化等によるコミュニティの脆弱化に課題をかかえる対象であるが、住宅需要の高まりや公的な住宅支援策の変化により都市再生事業の対象となっている。しかし、その都市再生の仕組みには課題も多く、本書が紹介する事例との関連でいえば、環境系の上位戦略に基づき、気候変動対策や水資源管理、緑地保全や植栽等の環境再生関連事業が、都市再生を通じて実践されるようになっている。また、その計画プロセスには、地区を構成する様々なコミュニティが関与している。

このほか、郊外における大規模な商業コンプレックスの建設、あるいはEUレベルで各国に適用される商業活動の自由化策等を要因とした中心市街地の近隣商業活動における衰退問題も難しい事案である。歴史地区内では、小規模店舗群等を文化的な観光資源へと転換する手法が採用される場合があるが、この方法が同時に買い物困難者を生み出す原因ともなっている。こうした近隣商業空間を対象とする事案についてイタリアでは、現代都市における消費と都市空間の間の抜本的な関係変化が生んだ新たな課題として認識され、全国規模での研究が行われている。ポイントとなるのは、小規模事業者間の連携や協同組合の社会的役割等に関連した社会的経済に関する動きであ

13）http://www.fondazioneinnovazioneurbana.it/component/tags/tag/rigenerazione-aree-dismesse-militari-e-ferroviarie. ここに紹介されるもののうち、STAVECOについて井上（2021）.

り、これが本分野の都市再生に大きく関連していることなどが明らかにされている。

都市再生の課題は、大都市圏形成に直面した現代イタリアのリアルな都市問題として都市政策の主軸を成すが、こうしたなかで、特に難しい都市再生事案に関しては情報を公開し、計画の策定段階から実施、管理に至るまで、住民や住民組織、様々なアソシエーション等[14)]のサードセクターが参画することによって政策イノベーションを導き、新たな課題解決の可能性を模索する傾向が確認される。

都市再生における近接性の問題

大都市から大都市圏へと都市政策転換が進められる現在、多くの都市で都市再生事業を通じた空間的な再編が進められている。この際、同時に、居住者や小規模事業者など複数のコミュニティに内在する課題解決を行い、排除しない大都市圏を構築していくことが求められる。画一化された都市空間を生み出さず、多様で包摂的な都市空間を創出するためには、都市再生に対する質的な検証が不可欠である。こうした検証は、どのような観点に立脚して行われているのだろうか。

住民による都市再生への検証という観点から地区評議会が新たに運営するクアルティエレ・ラボラトリは、一般には、都市計画、環境計画、交通計画等や地区福祉計画等の策定に活用され、なかでも都市公共財の共同管理や市民参加型予算の検討おいて重要な役割を担っている。住民によって実践される討議や活動は、多様なアクターを育成し、これらのアクター間のネットワークを強化する効果を生み出しているとされ、ここでは、「近接性」がキーワードとなる。

イタリアを代表する都市計画家のひとりパトリツィア・ガベッリーニ

14）イタリアの多様な「アソシエーション」については、以下を参照。田中夏子（2005）pp.129–132.

（Patrizia Gabellini）は、本書第1章への寄稿において、パンデミック後の新たな都市再生の方向性として、都市地域における都市－農村関係およびそのバランスの再編[15]、中小都市の再評価、車社会からの脱却を目指したモビリティ、新しい近接性の構築についてその重要性を指摘している。これらのうち前者3点は地域環境管理に関する事項であり、近年、エミリア・ロマーニャ州を中心に北部諸州の州法が規定した「土地消費の抑制」すなわち自然資本としての土地を重視し「これ以上の市街地開発を行わない」という原則を背景としたものである（井上 2021: 166-169）。気候変動や生物多様性保護など、プラネタリーバウンダリーの観点から自然環境保全を推進し、自然環境の持続可能性に力点を置いたうえで、これに対して生じる都市問題を網羅的に示して都市再生を通じた解決策の検討を迫る。つまり、ここで都市再生は、エコシステムの再生として認識されている[16]。

この原則に基づけば、今後北イタリアでは市街地が無限に広がるという意味での大都市圏は形成されず、都市的、農村的土地利用が混在する中小都市のネットワークが大都市圏を構成することになる。また、コロナ禍以後、集中を避けた中小都市への移住や就業地の移設等が想定されること、公共交通の充実によって環境負荷を軽減する必要があることなどから、都市間や都市内のモビリティは重要なテーマとして認識されるようになり、気候変動や生物多様性保護の観点においては、大都市圏を構成する都市農地や緑地、各種公園等の管理が必要となる。したがって、北イタリアの大都市圏都市政策に基づく都市再生では、従来は二次的なものとして扱われていた都市における自然、農業・農村の保全を通じたエコシステムの再生が重視され、その地域環境管理の仕組みを内包した社会システムの構築が急務となる。

一方、新しい近接性（prossimità）に関する指摘[17]は、都市空間を創出し管理するアクター（すなわち人やその活動）の関係についてのより社会経済的

15）本書が用いる「都市地域」とは、città e territorio の訳語である。核となる都市とその周辺地域（郊外・農地・点在する小規模な市街地等を含む）概念である。

16）都市法の解釈においても、都市再生は土地、建造物を対象とする再利用であると解釈されている（Fiale 2013）。

17）「近接性（Prossimità）」の日本語訳は、齋藤純一（2020）p.viii を参考にした。

な持続可能性に関する議論である。都市再生をテーマとする本書の文脈では、公開性、非排除性を原則とした住民間の「近い」関係に関する都市のより内的な再生を意味する。ここで用いられる近接性は、近隣住区等のように空間的な近さに限定された概念ではなく[18]、また共同体や地域社会（comunità）ともやや異なっている。都市再生において重視される新しい近接性は、競争や孤立、排除や差別等に対峙する強いテーマ、たとえば、非営利、生態系、社会住宅、シェアリング、公共交通などの今日的テーマを軸に、これに関わる人たちやグループによって展開される活動とそれが生み出す社会関係の広がりとして認識される。事実、大都市圏化が進む現在、地域コミュニティの領域は必ずしも居住圏や行政域に一致していない。また、様々な人々の活動は、行政や居住領域を超えて組織化され、それぞれのネットワークを通じて自らの動きを展開している。居住地は、高齢者、単身者、国籍等にしばられない多様性の結びつきの場として確認され、これらは複雑な距離を維持しながら、近隣での相互関係を生み出し続けている。つまり、排除しない大都市圏の都市再生が創出する都市空間は、国や行政域に固定化され地縁等に縛られた地域自治組織だけではなく、これらから完全に切り離された全く新しい、柔軟でゆるやかにつながるいくつもの社会関係を重層させた、「脱－領域的な「近接」（proximity）として形成」（齋藤 2020: 241）され、発展するものとなる。

こうした議論から、本書が対象とする都市の再生は、豊かな地域環境を創出しながら、同時に人々の社会的な相互関係を深化させ、「近接性（プロクシミティ）をつくり出す政治的行為」（齋藤 2020）を内在させた様々なレベルの住民活動を通じて実践される。こうして、都市の再生は、「たくさんの人々の個々のエネルギーの発現」（蓑原 2005: 57）として表象される多様性の都市空間を生み出すことになる。

18) 空間的に近隣であるという意味では、vicinato が用いられ、prossimità とは区別される。2022年５月のミラノでのガベッリーニ名誉教授へのインタビューによる。

＊

日本の「都市再生」は、都市再生特別措置法を前提に、都市のコンパクト化を目的とした市街地の高度利用や用途の複合化と不可分なものとして受け止められている[19)]。しかし、本書ではこうしたいわゆる「都市再生」から離れ、エコシステム・社会システムの再生として模索されるイタリアの都市再生問題に着目して以下のようにまとめたい。すなわち、排除しない大都市圏の構築を目的とした都市再生を検討する場合、この都市再生の質は新しい近接性に基づいて二つの観点から住民によって検証される必要がある。一つは、持続可能な社会の構築に向けた環境の再生、もう一つは、コミュニティの再生である[20)]。前者は、住民が暮らす地域が環境的視点からどのような課題を持ち、都市再生は、気候変動の緩和や生物多様性保護等といった問題にどのように対峙して質的に高い居住環境を我々に保証することができるのかという問題である。また、後者は、住民や地域社会を対象とした内的な都市の再生、すなわち孤立しない暮らしと居住の質を、都市再生は我々にどのような形で提供することができるのかという問題である。

本書は、主にオリオール教授らボローニャ大学研究者との共同研究の成果である。イタリアからの３本の寄稿と現地調査の成果に基づき、ポストアーバンを睨んだ大都市圏、なかでも市街地と農地が混在して拡大する中枢市ボローニャを素材として、前掲二つの観点から都市再生の課題にアプローチしている。特に注目したのは、都市再生の質的な検証に関わる住民の動き、すなわちクアルティエレを軸とした多様な住民参加制度の展開が、様々なタイプの都市再生に対して検証を目的として関与するその動態である。

19）日本における都市再生の課題について以下を参照した。蓑原敬（2005）；大西隆（2004）
20）日本に関する同様の観点による議論として、以下を参照した。小泉秀樹（2015）

本書の構成

本書は、イタリア人研究者による三つの寄稿を含む、序章、終章および七つの章より構成される。記名のある章はそれぞれイタリア人研究者による書き下ろしであり、一部の翻訳協力をのぞき井上が翻訳した。それ以外の章は、都市再生のなかの「近接性」に関連する今日的テーマについて、井上ができる範囲で現状と課題を示したものである。

まず第1章は、Covid-19による影響を最も強く受けた地域の一つ、北部イタリアのロンバルディア州ミラノから、ミラノ工科大学名誉教授パトリツィア・ガベッリーニ氏による寄稿である。パンデミック以後、都市はどのような方向性を選択するのか、それはどのような都市再生を志向するのかという問題について、本書が注目する「近接性」を含めたいくつかの視座から批判的な検討が行われている。イタリアにおけるパンデミックのダメージは、特に初期の段階において都市生活に壊滅的な被害を及ぼし、その内容は、メディアを通じて日本にも紹介された。都市から人が消え、石のまちがその姿をあらわにしたという言葉の響きは、我々にも強い身体的な恐怖を引き起こすものである。この論稿のなかでガベッリーニは、パンデミックは都市再生の内容を変えつつあるものの、そこでは抜本的に解決すべき地域環境への対応が後退しているという問題を指摘している。言及される「新しい近接性（prossimità）」は、本書の主題に重要な示唆を与えるものであり、それが意味するところのゆらぎは、パンデミック後の都市とその再生にも多大な影響を与えることが想定される。

第2章は、イタリアにおける都市内分権と地域自治組織の現在の位置づけ、これに加えてボローニャの具体的な状況について示したものである。都市内分権はコムーネによる憲章と規則を通じてその詳細が定められ、法制化された地区議会、独自の規定、地区の計画、地区の予算を持つ。現在は、ここに多くのNPOや社会的協同組合等が関わることで、地域自治組織が形成されている。

第3章は、ソーシャル・イノベーションの大きなテーマとなるカーボンニュートラルと地域コミュニティの問題である。エミリア・ロマーニャ州は、EU 諸国のなかでも再生可能エネルギーの導入に極めて積極的であり、ボローニャは、コムーネレベルで策定した持続可能なエネルギーと気候変動に関する行動計画を持つ。本章では、都市再生に対する検証が、環境再生という観点からコミュニティレベルにおいてどのように行われているのかという点について示している。

第４章は、ボローニャ大学のマルティーナ・マッサーリ氏による寄稿である。多くの先行研究を用いながら、多元的な主体が関わりを持つ場所を「媒介の場所」として位置づけ、こうした場所でソーシャル・イノベーションが引き起こされる可能性について、ボローニャを事例に分析を行いながらその特徴を明らかにしている。

第５章は、都市再生と住宅政策との関係を扱ったものである。イタリアの住宅政策は長年、公共セクターが大きく関与する形で持ち家政策を軸に展開されてきたが、近年、家族構成の変化や居住環境に対する社会的要請の多様化から政策転換を図り、公民連携に基づく社会住宅政策が導入された。一方、所得格差の増大や高齢化に伴う居住困難者も増加傾向にあり、居住福祉の重要性も明らかになっている。こうした現状を背景に、ボローニャ大学のヴァレンティーナ・オリオーリ氏とコムーネで住宅政策を担当するマルコ・グエルツォーニ氏、ほか１名による寄稿である。暮らし方の多様化や観光という側面から顕在化する新たな居住問題、また居住福祉の問題まで、実際の都市行政が抱える居住に関する課題とこれに関連した地域自治組織の活動内容について明らかにしている。本章を読むうえで必要となる住宅政策の概要を、補足的にコラムにまとめている。

第６章は、近隣型商業空間を対象とする都市再生について論じたものである。イタリアでは長年、近隣商業空間は保護されてきたが、EU 主導による商業活動の自由化に伴い、近隣住民のみで商業活動を支えることが困難になる状態が確認されている。都市観光を意識しながらも、近隣商業空間の再生を通じて「近接性」の再編を進めるというテーマであるが、ここでは事例をあげて、協同組合の社会的役割に言及している。

最後に第７章は、地域自治組織を通じた社会サービス提供体制の構築とその実施手法について紹介したものである。まちづくりとしての都市政策と失業等の社会問題を扱う社会政策とが統合され、新たな社会政策に基づき、多様なアクターによって地区レベルで具体的な支援活動が実践されている。地域自治組織は社会サービスの提供体制という観点から中心的な役割を果たしているが、その限界と課題についても認識することができる。

第 1 章

都市とパンデミック
都市再生の新しい課題

ミラノ工科大学名誉教授（都市計画・都市研究）
パトリツィア・ガベッリーニ（Patrizia Gabellini）

パンデミックと世界の変容

イタリアにおけるパンデミックは、2020年２月20日にローディ県内の病院において、肺炎の症状で入院していた患者から発見されたコロナウイルスによって公認されるようになった。その後、イタリア全土を対象にロックダウンが実施され、移動の制限が適用されるとともに、日常的、社会的生活における人と人との接触が禁止された。２年間に及ぶ顕著なパンデミックは、グローバルな危機に伴う複合的な影響（エネルギー、経済・財政、環境、温暖化等）がもたらす各種の危機への指標として、また時にはそれを加速する機器として作用することによって、様々な、しかし相互に類似した形で世界各国に打撃を与えながら、不安に満ちた状況を作り出した（Harvey 1990；Beck 1999）。Covid-19によって引き起こされた広範で深刻な影響は、今日、多くの都市や地域で把握されるようになり、複数の要因が絡み合うことで世界を変容させつつある（Beck 2016）。パンデミック以前から、経済的な変化や経済財政的危機、環境に関する諸問題は、産業構造の転換や近代化の初期段階で整備された社会基盤の脆弱化に関する課題（社会資本の再編）、あるいはエネルギーや移動手段の転換およびこれらの多様化に関する必要性を明らかにしており、「再生」の複雑な過程をあゆみながらも、顕著な形で都市地域を変化させていた。しかし今回の健康に対する危機は、短期間の間に、我々の暮らしに直接つながる都市居住のあり方やその形態等に明確な影響を与え、あらゆるレベルで発展の限界というものを我々に認識させている（Meadows et alii 1972）。

イタリアでは強い感染対策が適用されたため、初期にはオンラインを通じたフォーラム、のちには具体的な調査を通じて、各地に確認される様々な課題についての多面的な比較や検討が行われた[1)]。数多くの雑誌や書籍が出版さ

1） www.eccellenza.dastu.polimi.it/category/blog/riflessioni-covid; https://ilbolive.unipd.it/it/news/citta-dopo-pandemia-traiamo-conclusioni; http://www.planum.net/epidemia-citta-territori-la-rassegna-di-planum-2020; https://www.feem.it/en/publications/reports/which-future-for-cities-after-covid-19/

れ、社会学、文化人類学、経済学、地理学、地域分析、伝染病、哲学、そして当然ながら都市計画、プランナー、建築家やデザイナーらによる検討も行われた。議論された課題は多くの理念的な矛盾を孕んでおり、通常とは異なる状況で行われたこれらの議論ではできるだけ多くの意見を吸収する必要があった。したがってその成果は、複層した解釈や回答を提示するものとなっている。2020年の終わりにはすでに多くの本が出版されて読者や批評家の注意を引き（Aa.Vv. 2021）、社会環境学者や地域社会学者らはCovid-19以後の都市地域のあり方に対するマニフェストを公表した（Nuvolati, Spanu 2020）。今日、都市地域に関するどのような出版物であっても、パンデミックの影響に対する観察や仮説を含まないものはない。しかしながら、パンデミックの継続あるいはその「波」が、都市地域のダイナミックな変化やその方向性を強化したのかあるいはそうではなかったのかという点に関しては多くの疑問が残されている。

都市を構成する「専門家」の議論は多方面へと拡大かつ深化し、「発展モデル」や「公正性」の問題にまで至っている。筆者は、こうした現状を背景に、本稿においていくつかの都市的あるいは地域的変容について指摘することを試みたいと考えている。すなわち、パンデミックは、新たな観点から「再生（rigenerazione）」という課題を再考するよう我々を仕向けたということである。私は、いわゆる先進諸国に関する認識や考察を頭に入れながらここでイタリアについて述べるが、私の仮説はいわゆる「検疫隔離都市のアーバニズム（“*Quarantine urbanism*”）」（つまり、Bianchetti, Boano, Di Campli 2020）に関するものではなく、不特定のアーバニズム（un ennesimo *urbanism*）、すなわち、保健上の課題に対して脆弱であり、また多くの矛盾を孕む現行の都市地域政策に、再検討すべき課題やその解決策に関する検討を組み込んでいこうとするものである。

パンデミックに立ち向かうことのみを目的とした特別な施策は他の危機を生じさせ、これらの相互作用はさらに我々の不安を掻き立てるものとなった。実際、状況が劇的に変化していったことで、都市や環境に関わる人たちは政策の修正等を求められ、あるいは多くの事業が中断させられる結果となっている。悲観的な緊張を避け、実際に生じていることに対する強烈な印象を否定するためには、極めて実践的と考えらえる政策アプローチに訴えることが効率的であると判断されたためである（Pasqui 2021）。

健康都市　Città sane

「何年もの間継続してきた発展のなかでパンデミックが生じ、我々の間で一般に共有されてきた「ウエルビーング」が、いわゆる健康というものと分かちがたく結びついているという点が強調された」、イタリア都市計画学会長のミケーレ・タリア氏は、『現代都市における福祉と健康（*Benessere e salute delle città contemporanee*）』のなかでこのように述べている（Moccia, Sepe 2021: 9）。今日、「ケア」の概念は、イタリアでは話題の「健康都市（*healthy city*）」（Città sane）を通じて育まれているが、これは福祉改革や自然との共存といった考え方に基づいたものである。WHO が指摘しているように、安心また安全に関する事項は、すべての政策立案において熟考される必要がある。このことは、人間工学分野の取り組みから国家を越える各種政策に至るまで、様々な地域を対象に、また非常に広い領域を包括する考え方となっている（D'Onofrio, Trusiani 2018）。

タリア氏の表現は、パンデミックに立ち向かおうとする健康都市に関連した多くの課題によって裏付けされている。特に今回、高齢者が直面した数多くの困難は、建造物の再生（エレベータの設置や建築内における障害の排除）だけでなく、新たな設備やサービス提供体制の見直し、アクセスビリティの改善等が必要であることを明らかにした。また、一方で、社会福祉サービスを伴う居住分野の課題に関しては、新たな居住形態を検討する必要性を高めた。これは、とりわけ社会住宅分野の施策を見直す必要性として認識されている。また、心臓脈管系の疾病と在宅時間との関係は、運動を伴う生活の重要性を示しており、身体を動かすことが可能な緑地等の整備やスポーツ施設、サイクリングコースの延長や歩行空間の形成も要請された。これらの事項は、公的空間の利用や都市内で実施される様々なプロジェクトを通じてすでに検討されてきた内容ではあるが、パンデミックによってその方針が強化されたものである。さらに、今後、都市農園や都市近郊農業は新しい生活スタイルを構築するうえで重要な役割を担うようになると考えられる。これらの様々な問題は、都市環境に関連した諸要素であり、同時に食の質を保証し、シェアリング・エコノミーの一角を構成する問題でもあるということができる（Gabellini 2018）。

このように、福祉や健康に対する観点から一部のプロジェクトが強化されている現状に対して、筆者は、パンデミックがその一方で、都市における環境汚染問題や温暖化対策に関連するプロジェクトの優先順位を変化させたのではないかと考えている。これらは明らかに都市の再生に関するプロジェクトで、2000年以後に提案され、実施経験が積まれてきたものである。特に、非常に大掛かりでコストのかかるミティゲーション事業は延期されただけでなく、今後の実施も困難な状況となっている。延期されたプロジェクトとは、たとえば、セメント等で固められた区域の再自然化事業、コリドーの設置、雨水の再利用事業、粉塵飛散防止のための植栽、夏季の日陰地や冬季における採光、省エネや太陽光発電施設建設のための敷地造成等の事業などである。これらの環境的課題は公共的な関心事項となっており、政策アジェンダにも含まれている。また、同時に慢性的な疾病の要因にも関連すると判断されているものでもある。しかし、今回の感染は、いわゆる健康という問題については熟考する機会を作ったものの、その施策は緊急性の高い社会経済的支援のみを重視する結果となった。こうした支援事業の背景にある経済資源について、考慮する人が少ないことも事実である（Lupatelli 2020）。

また、今回、動物から人間への感染という点も強調された。しかし、この問題は、ローカルかつグローバルなエコロジーバランスの変化（森林の伐採や気候変動）に関連づけられる問題であり、人間と自然との関係を文化的観点から、また政策的視点からも修正していくことは容易なことではなく、本課題に対する検討は限定的なものとなっている（Marcalli 2020）。これらに加えて、多くの課題のなかでも微細粉塵に関連する大気汚染の課題はモビリティの問題や生産手段にもつながるものであり、いくつかの大学（たとえば、ハーバード大学のパブリック・ヘルス：公衆衛生大学院）においては研究が進められ、その内容が複数のメディアで取り上げられてはいるものの、一般の広い議論にまでは至っていない。健康上の問題に対する多くの視点は、明らかに健康に関わる環境問題を安易なレベルで取り扱っており、こうした状況は、世界のなかの最も貧しい地域におけるパンデミックの実態を正確に明示することを妨げ（Farinella 2020）、感染の循環を引き起こしていると考えられる。

近接性　Prossimità

社会学者ジャンドメニコ・アメンドラ（Giandomenico Amendola）の呼びかけによってANCSA（Associazione Nazionale Centri Storico-Artistici）は、都市計画家や建築家に対し、イタリアの主要12都市は、最初の厳しいロックダウンの間どのような状況に置かれていたのかという問いをなげかけた（Aa. vv. 2020）。確かに移動や活動の禁止は、人と人との関係（ショッピング、食事、教育、文化）を希薄なものにし、都市は突然空洞化した。すべて人々の注意は、巨大な公共空間といった都市空間に集中した。つまりパンデミックによって、これらの空間は無人化という事態に襲われたわけである。しかし、この状況は同時に、予期しない力に満たされた空間をも作り上げた。人々は家に閉じこもることにより、住宅は生活の場と同時にオンラインを含めた仕事や研究の場あるいは余暇活動の場へと、またこれらが密接に関係し混合する空間へと変化した。住宅は考えてもいなかった用いられ方や多様な用途が集中する小宇宙となり、社会面で大きな課題をも生み出した（Mazzette, Pulino, Spanu 2021）。わずかな社会関係が共有スペースや限定された場所を通じて維持され、これらの場所は、半分は私的な、また半分は公共の場所としての特徴を持つことになった。たとえば、人々はバルコニーから姿を覗かせて歌い、言葉によるコミュニケーションを試みた。フラッシュモブ等が繰り広げられ、そのなかで共同性や社会性が再確認された。いずれにしても、最初の段階では「むきだしの」都市が放心状態や疎外感等といった感覚をもたらしたが、やがて記憶を失いズタズタに切り裂かれた都市空間や建築としての評価が定着するようになった。その姿は、生きられることのない石の空間として、かつては歩行者であった人々の目に明らかにされていった。

強制された隠遁生活は、建築家や都市計画家に対して現状と異なる意味での近接性という問題をイメージさせた。ここでいう近接性のイメージとは、近接する場所や身近な街区で働くという従来の伝統に新しい意味を与えていくものである。近接性の長い伝統は、都市計画に対して、「文化主義」とその一連の思潮、すなわちフランソワーズ・ショエが「アントロポーポリ（Antropopoli）」と呼んだ前都市計画的要素（pre-urbanisitica）をもたらし、都市に関する哲学的、社会学的、文化人類学的要素を、技術的な都市計画に重ね合わせあるいは対比させた。こうした要素は、都市デザインの試行を通じて育まれ、1930年のCIAM（近代建築国際会議）を通じて提示される合理的な街区理論に対峙する理念を生みだした。しかし、やがてこれらの二つの見解は不動産市場を根拠に調整されていくことになる。近接性という問題に関連してイタリアで行われたミクロスケールでの検討や実践の一つに、1990年代初頭に都市の時間という観点に基づいて行われたオリジナルな研究がある。ここでは、伝統的に女性が近隣の質や価値に関与しているという観点からのアプローチが取られた。

カルロス・モレーノ（Carlos Moreno 2020）による建築家－都市計画家への提案「15分でいける街」は、パリ市長アンヌ・イダルゴ（Anne Hidalgo）の選挙プログラムに用いられた言葉である。この言葉の実体化は、欧州だけでなく、豊富な文化環境を有する世界中の都市で実践することができるものである。実際にイタリアにおいても、最大15分で主要なサービスにアクセスできる都市を作り出すことを目的とした調査や検討が開始している。こうした動きは、パンデミックが生み出した課題への一つの解答であるように思われる。ミラノでは、Covid-19後の一つの戦略として「ミラノ2020」（*Milano 2020. Strategia di adattamento*）が策定された。一方、ボローニャでは、2021年に施行された都市計画の地域戦略に、居住地から１km 以内（公共交通機関が利用できる場合には2.5km 以内）に、主要な公共サービス、オープン・スペース、近隣商業活動、自転車道を整備することが都市計画スタンダードとして位置づけられた。

居住のあり方や所得に起因する変化は、近接性という「都市空間における内的な再生」を我々に求めているということができる。しかし、この近接性という概念は、充分に検討される必要がある。というのは、この概念自体が、ハウジングや都市変革のための住民活動、文化的多様性等に対して何らかのリスクをもたらす可能性があるからである。たとえば、我々の暮らしの質が近接性という問題だけで担保できると捉えると、居住環境に深く関連した都市環境の課題は解決できない。また、近接性に満足する暮らしは、文化的差異を受容できない可能性もある。こうした志向は、文化的多様性に対する脅威となる。また、デジタル化等を通じて近接的な関係や空間がつねに外部に晒され続けている事態は、近隣での居住がかつてイメージされていたような「平和な場所」ではもはやありえないという現状認識へとつながり、これらに危惧する人々がグローバル化に激しく反対する可能性もある。結果として人々は、合理的なタイミングで期待したクオリティを保証することができない理想とかけ離れた都市の状態を知ることになり、グローバルなデジタルコネクションや気候変動、不平等といった課題に翻弄され、矛盾に直面することになる（Caudo 2021: 88）。ここで都市に対しても、次のような疑問が残る。「もし、近接性の空間から離れるとすれば、［それは次のことを意味する］都市が無秩序に拡大する郊外の混乱のなかに漂うことになるのか」（Saragosa 2021, p. 100）、あるいは、「近接性を刷新し、より今日的な意味での多極的で分節的な都市のあり方に関する検討を再開させる（再開せねばならない）ことになるのだろうか」。

モビリティ　Mobilità

さほど重要ではない活動やリモートで実施可能な活動のなかには、かつてオフィスで行われていた仕事が含まれている。その結果として、小規模都市を中心にサービス業には「空洞化」が確認され、この現象は人々の注意を惹くとともに将来のあり方について問いかける契機を作った。明らかに、パンデミックがもたらしたスマート・ワーキングは広がりつつあり、（空間の節約や合理化という観点から）企業にとって、また（生活と仕事の時間管理やフレキシビリティという観点から）働く人々にとって、興味深い解決策として評価されるようになっている。したがって、この方法は今や日常的な就労形態の一つとなり、企業や一部の分野で順調に広まっている。これにともなって建築内部では距離を確保するための検討が行われ、街区単位で新しい共有スペースを創出すための提案がなされている。長時間の移動を取り除くことや、社会的連帯の時間を確保することなども試みられるようになった。こうした動きは、創造的分野の活動から考案されたコワーキング（coworking）の経験を通じて発展したものである（Müller 2021）。また、一方でサービス分野の活動に占められていた不動産の一部は閉鎖され、転換が進められている。これらは、都市再生のなかで熟考されるべき今日的な側面の一つである。

家にとどまっている人がいる一方で、一定の距離を保ちながら、必要なサービスを継続するケースもあるというこうした状況は、交通機関や移動手段に影響を与えた。様々な活動が再開されるなかでも公共交通機関の利用は制限されたため、パンデミック以前には自動車に代わる移動手段を検討していた人々も、再度、個人車を利用するようになった。自転車道の整備やその他のインセンティブを用いて移動手段の転換が進められてきた都市においても個人車の増加を抑制することは難しく、ともかくロックダウンが適用されている期間には大気汚染が緩和され交通事故が抑制されていたとはいうものの、従来の交通政策は危機に瀕した。

長距離の移動は劇的に減少し、緊急のものを除いてほとんどゼロとなった。これらは連鎖的に、交通に関するハブ（空港、港湾、新幹線の駅）を衰退させた。単一の機能や経済によって特徴づけられる都市地域、たとえば、観光等の経済活動や巨大でダイナミックなインフラに依存する都市地域（Di Gioia, Dematteis 2020）は大きな困難に直面し、衰退の危機を経験した。パンデミックは、経済活動、環境、人口動態等の相互関係を確定しながら、脆弱な地域の課題を顕在化させている。これは、地域の差異に対応した様々なスケールでの問題解決へのアプローチが必要であることを明らかにしたものであり、条件不利地域に特別の注意を払う必要性を示している（Balducci 2020；Lupatelli 2021；Curci, Pasqui, 2022）。

人々の移動の制限は物の移動の増加に対応し、物流分野に強い負担を強いた。この負担は、輸送手段の多様化に関する必要性を認識させ、物品の保管や区分け場所を準備するための事業実施を不可欠にした。その結果、ロジスティクスに関する空間的な要求が高まり、新たな市街地開発への要請も急上昇した。このうち、高速道路のインターチェンジ等の建設を目的とした開発については、強い環境的あるいは景観的インパクトが予測されるものとなっている。また、都市内では宅配が増加し、自転車を用いた配達サービスが要請された結果、市街地内に物流拠点の整備が求められるようになった。

パンデミックのエピセンターを生み出していく人々のグローバルな流れや商業活動の増加および減少は、他国あるいは特定の地区に対する経済的な依存とともに、グローバリゼーションを増進してきた従来の政策をある程度減速させる必要性を示している。しかし、現状を短期間で転換することは困難であり、また、それぞれの要因は異なる軌道をとりながら、世界の複雑な経済地理を再編し、ダイナミックな都市化への動きへと反映されていくことになる。こうした観点から2022年２月末に勃発したウクライナの問題は、2019年の「欧州グリーンディール」（European Green Deal（2019））に並んで、パンデミックのための復興基金に基づいて策定されたイタリアの「国家復興・レジリエンス計画」（National Recovery and Resilience Plan）の内容に関する再検討に結びつくだろう。

都市のバランス　Assetti urbani

多くの地域にダメージを与えたパンデミックは様々なレベルで調査され、なかでもどのような状態が感染に結びつくのかといった要因の特定は、将来の都市あるいは大都市圏のあり方に関する明白な議論を含んでいる。これらの調査とその結果に関する解釈は、都市の密度や、ここ10年あまりの間つねに議論されてきた「土地の消費」の問題と関連しており、公共交通期間の持続可能性に加えて「我々の健康および健全な社会経済活動のために」必要となるサービスの効果的な分配や経済活動を再考させるものとなっている（Sgobbo, D'Onofrio 2021: 231）。

リチャード・フロリダや経済地理学の研究者ら（Florida, Rodriguez-Pose, Storper 2020）は、パンデミックの影響とその拡大を理解するための国際的な調査を開始している。この調査には、旅行者の移動や就労、居住による接触レベルが高く、これらによって最も大きな影響を受けた大都市居住に対する場所的オプション、すなわち大都市から距離をとった生活についての調査が含まれている。どこで暮らすのかを決定する要因（年齢、所得、文化、仕事のタイプなど）に関するデータが多様で、その枠組みが不安定であるにもかかわらず、この著者らは、居住者が大都市の周辺部を放棄し、中小規模の都市や農村地帯が有利になると仮定することは困難であると判断している。というのは、中小都市や農村部は、よりダイナミックな大都市圏中心部と比較して、競争に耐えられる条件が不足しているからである。しかし、ドイツの研究者は（Anders, Große, Krüger 2021）、彼らの国に確認される居住の特徴を参考に、大都市圏に隣接した10万人規模の中小都市へ移住するかどうかは、その都市がインフラ、技術、サービスの観点から良好な環境にあるか否かという点が重要な決定要因になると述べている。この選択は、創造的な仕事に関わるミドルクラスの興味を惹きつけると考えられ、彼らの中小都市あるいは農村部への移住は、地域に文化的な影響を与える可能性がある。

イタリアにおいては、多様なタイプの都市が存在するだけでなく、都市居住のあり方は分散的である。しかし、都市のネットワークや産業地区による経済活動とそのグローバルレベルでの連携によって特徴づけられるイタリアの分散的な居住は、アメリカにみられるようなスプロールや機能混在的な郊外型とは異なるものである。特にヴェネト州やベルガモ周辺において顕著なこの特徴は、「拡散都市」（«città diffusa», Indovina 2009）と呼ばれるものである。事実、この特徴は、北米の地理学者らが明らかにしている居住の集中に対し、強い連携が生み出す社会的組織を伴った都市的な集積、すなわち集中的な就労によって生じている。イタリアでは、さらに、「農村部」が特徴的な居住形態を示している。2014年にイタリア政府は、地域発展と地域連携に対する国家戦略（La Strategia Nazionale per le Aree Interne（SNAI））を出し、そのなかで山岳地帯、アルプス地帯、アペニン山脈地帯を「内部地域（interne）」であると定義した。こうした地域はイタリア国土の60％を占め、6000万人あまりの人口のうち、これらの地域に1500万人が居住している。戦略では、これらの地域が持つ多様性を指摘しながら、従来、衰退していると考えられてきた地域の社会空間的なイメージの再構築を試みている。すなわち、これらのコムーネが持つ課題（人口、所得、サービス）に対峙させて、その豊かな可能性（エコシステムサービスの提供）を指摘し、それぞれ発展の方向性と多様性を示すことで、居住者に対しても新たな魅力を示していく必要性を認識させるものとなっている。パンデミックは、中山間地域の重要性に関するこうした議論を開始させ、「山岳コムーネ・コミュニティ・事業体（UNECEM）」と呼ばれる組織は、全国的に公認されるようになるとともに、資金を獲得するに至るまでの成長をみせた。

パンデミックがもたらす広範な影響に関する地域間比較が明らかにしている課題は、対立する二つの都市政策がもたらすリスクである。一つは、持続可能な発展の原動力として農村部の開発を抑制して大都市という一極への集中を強化する都市政策であり、もう一つは低い居住密度とオープン・スペースの確保を保健上の危機に対応しやすいものとして、拡散都市を推奨する都市政策である（Nigrelli 2021）。しかし、イタリアを対象に、社会経済的あるいは地域的観点からその地理的特徴を考慮し、多面的でダイナミックに変化する現状を観察すれば、また、今後、数十年間の既存の居住地を再生していくことを想定するのであれば、それぞれの居住形態に対応した無理のない部分的改良を行っていくことが妥当であるように思われる。生活の場所と仕事の場所を区分し、人口を再配分し、脆弱な地域を回復させていくこと、また、若い世代にとって重要となる事項を考慮し、包摂を進め、介入の内容を熟慮しながら不公平を改善し、優先性を決めていくことが必要となる。デヴィッド・ハーヴェイは、「「都市」という言葉を信頼できる唯一の要因は、それがイコンとしての意味を持ち、そこに夢やユートピアが集中しているからである。しかし、都市を他から区分してきた密集したという意味での都市は、基本的に消えていくだろう」（Harvey 2016: 124）と述べている。今回我々が経験したパンデミックは、このように都市概念の基本的な見直しを図る要因を我々に与え、したがって、都市に関する様々なプロジェクトあるいは政策について再考する根拠を我々に提供したということができる。

【訳者補足】

ANCSA Associazione Nazionale Centri Storico-Artistici

都市遺産の保全と再生を目的とした公共政策を支援するため、1961年に設立された。州、県、コムーネのほか、大学、公共団体、研究者、個人が参加している。

Milano 2020 Strategia di adattamento per la ripartenza dopo il Covid-19.

Covid-19による危機後の再出発を目的として、2020年４月24日にミラノ（コムーネ議会）において作成され、27日よりオンライン上に公開されたドキュメントである。住民の生命を救うために必要となる暮らし方や組織の改変に言及したものであり、財政的な裏付けを図りながら「新たな秩序」の内容について明らかにしている。都市のモビリティや公共空間におけるソーシャルディスタンスの確保、適切な居住地区の規模、孤立への支援、女性への配慮等が細かく記載されている。

Piano Nazionale di Ripresa e Resilienza.（PNRR）

国家復興・レジリエンス計画。EU の復興基金を執行する上で策定された計画で以下を参照。

外務省 https://www.mofa.go.jp/mofaj/gaiko/bluebook/2021/html/chapter2_05_02.html.

１．デジタル化、イノベーション、競争力、文化、２．グリーン改革、エコロジカル・トランジション、３．持続可能なモビリティのためのインフラストラクチャー、４．教育と研究、５．包摂と結束、６．健康の六つの軸によって構成される内容となっている。

La Strategia Nazionale per le Aree Interne（SNAI）.

山岳地域のための国家戦略。国土のうち、人口減少等が著しいにもかかわらず、持続可能性を支える山岳地域や島嶼に対する戦略的なアプローチについての検討が行われている。新たな所得の創出や公共交通、医療等への基本的なアクセスを保証する。EU 資金を用いて地域の実態に立脚した（place-based）地域発展のためのプロジェクトを推進する各省横断的な取り組みである。72地区（1077コムーネ）が選定されている。選定された地区は、以下で確認することができる。

https://www.ministroperilsud.gov.it/it/approfondimenti/aree-interne/quali-sono-le-72-aree-interne-della-snai/

UNCEM（Unione nazionale di comuni e comunità ed enti montani）.

山岳地域のコムーネ、コミュニティ、各種機関をメンバーとする国レベルの組織。領域内に山岳地域を含むコムーネおよびコムーネ連合によって構成される組織であり、ピエモンテ、エミリア・ロマーニャ、ラツィオ州など各地に組織がある。イタリアでは、国土の54%がこれに含まれ、およそ1000万人以上が生活している。行政組織（県、コムーネ）やそのほかの地方公共団体（山岳共同体、コンソルツィオ、商工会）によって構成される。組織化の目的は、山岳地域の振興と発展にあり、国や州が連携してこれらの地域の自治体を支えることを企図している。

Column（1）ガベッリーニ名誉教授インタビュー

第1章の翻訳を進めるにあたり、2022年5月5日、パトリツィア・ガベッリーニ名誉教授の自宅においてインタビューを実施した。その一部を紹介する。ウクライナ問題、経済、財政分野の課題とともに、エネルギー、食糧分野へのインフラ投資や移民問題などの課題が列挙された。パンデミックがいまだ終結していないなかでイタリアは新たな課題に完全に巻き込まれており、本書が出版される頃には、「パンデミック後の世界」といった問題提起自体が過去のものとなり、都市はさらに大きな課題に直面しているのではないかというコメントが続いた。

近接性について

本書の鍵概念となる「近接性（prossimità）」は、物質的な近接性（vicinato）とは異なる。社会経済的な関係性やコミュニティの観点から人々や人とサービスとの間の「近さ」を表す概念であり、ガベッリーニの理解では、日常的な生活、参加、コミュニティ形成といった問題がこの概念に含まれる。

インタビュー「新たな近接性とコミュニティの問題は、思ったほどの展開をみせていない。当初は、近隣の人同士の関係性構築は進んでいたと思う。こうした人々の動きは、パンデミックのあとにも続くことが想定されていたが、実際はそうはならなかったのではないか。特に若い人たちの間で精神的に不安定になるケースがみられ、過食症などの問題が増加したと聞く。実際には、人と人とのつながりは悪化している可能性もあり、今後も推移を見守る必要はある。安易な回答を見つけることは困難であり、非常に難しい議論であるということを付け加えておく必要がある。」

PNRR の実現に向けて

（PNRR については、前掲の説明を参照）

インタビュー「PNRR は国家レベルの計画であり、2026年までに実現することとされている。しかし、地方自治体の枠のなかで実施しなければならないため、コムーネの業務は膨れ上がっている。イタリアの個別の文脈として、パンデミックからの脱却が他国に比してとても困難な状況にあり、予算規模は増大した。計画されているどのプロジェクトもEUが推進し事業化しているものであるが、特に福祉分野には積極的なインセンティブが与えられている。先進的なボローニャなどの都市では、事業実施段階でプロジェクト同士を連携させ、コムーネが横断的な橋渡しを行うことでうまく進めており、パンデミックによる被害からの脱却も早かった。たとえば、私のような専門家を集めてタスクフォースを作りプロジェクト運営にあたっている。こうした取り組み手法は、私も今までにみたことがないものである。一方で、南イタリアでは、ノウハウの欠落やシステムの不備によって総合的な実践方法が確立できておらず、個別プロジェクトの運用にとどまり、パンデミックからの脱却に時間がかかっている。」

中小都市

（今後の都市のあり方に関して）インタビュー「大都市化の可能性と、中小都市への分散の可能性、それぞれある。」「イタリアの場合、ドイツの規模とは異なるが、しかし、（パンデミックを経て）中規模都市の、特にサービスの行き届いているところ、たとえば通信系のインフラや医療などが充実しているところに人口が集中する可能性がある。実際パンデミックによって、大都市ミラノの人口は減少した。しかし、こうした状況が恒常的なものであるのかどうかを判断するためには、長期的な観察が必要である。暮らし方に変化が起こる可能性はある。たとえば、ウクライナ問題の影響によってイタリア国内でエネルギー問題が生じ、室内の温度調整等が困難となった場合には何が起こりうるか。クリエイティブクラスの人たちの南への移住といった現象は、考えられないことではない。しかし、それは状況によるだろうし、状況というのは、どういう都市整備をしていくかといったことにも関連する。」

「特にイタリアの場合、鉄道など地域間移動インフラを高めていくことがとても重要になるだろう。それが小規模市街地や、小さな都市のネットワークをつくっていくことにつながる。人々が生き方や暮らし方を変えていき、イタリア南部への移住が促進されれば、従来の生活のスタイルにも変化が生じる可能性がある。」

「こうした観点から、近接性の議論に戻れば、中小規模都市の有効性は高くなると考えている。大都市から離れ、その周囲の都市への移動というものが現実のものになる可能性はあり、実際、今のヨーロッパはそのような状態にある。」

＊実際、2022年９月現在、エネルギー価格の上昇がイタリアの生活を直撃し、特に低所得者層において冬季の生活を不安なものにしている。以下を参照。
https://www.repubblica.it/economia/2022/08/29/news/gas_prezzi_misure_razionamento_germania_francia_spagna-363322889/

第2章

都市内分権と地域自治組織

地域環境管理とコミュニティ形成

イタリアにおける都市内分権は1976年に法制化され、1990年6月8日法律第142号（2000年8月18日立法命令第267号）によって確立された。これにより、分割された各地区はコムーネ領域の分節化として位置づけられ（Tubertini、Massarenti 2022）、人口10万人を超えるコムーネに対して都市内分権を義務づけるとともに、公共サービス等の行政事務の一部を地区へ分権するとした[1]。しかし、2010年の法改正では、基準となる人口規模は10万人から25万人へと引き上げられ、都市内分権と地域自治組織の詳細に関する決定は自治の観点からコムーネによる判断となった。緊縮財政等を背景として制度の見直しがすすみ、現在、都市内分権の実施は、おおむね人口30万人以上のコムーネに適用されている。

都市内分権に対する継続的な見直しに対して、地方自治を専門とするルチアーノ・ヴァンデッリ（Luciano Vandelli）は、「このラディカルな変化は落胆すべきものであり、これまでの都市内分権や住民参加に関するイタリアの様々な経験に合致しない動きである。このような状況では、近隣（prossimità）民主主義によるダイナミズムを生み出すことはできない」（Vandelli 2004: 80–81）と指摘している[2]。

ボローニャにおけるクアルティエレの成立は1964年の15地区（1965年には歴史地区内3地区を加えて18地区）に遡るが、これはボローニャの内発的な動きであった。1950年代当時、ボローニャの人口は都市化によって48万人まで膨れ上がり[3]、郊外における新都市建設や修復型の都市再生を実施するため、地区および地区評議会への分権が進められた[4]。現在のボローニャ（コムーネ）のクアルティエレは[5]、「コムーネ憲章」と「分権に関する規則」に基づ

1） 1990年の段階では、3万人から10万人規模のコムーネについては、都市内分権を「適用してもよい」とした（Vandelli 2004: 79）。

2） 近隣民主主義は、“democrazia di prossimità” の訳語である。中田晋自（2021）p.126において用いられる “démocratie de proximité” の訳語を参照した。

3） 初期の段階における1地区の人口は約2万人ということになる。
http://www.comune.bologna.it/storiaamministrativa/stories/detail/40258

いて設置されている[6)]。それぞれのクアルティエレは独自の規則[7)]とともに、地区の計画としてのクアルティエレ施策計画および地区予算を持っている。大都市圏制の導入に伴い2015年にはコムーネ憲章および規則の改正を通じてクアルティエレ制度が改定され、それ以前の9地区制から6地区制へと地区割が再編された[8)]。また、改定以前は人口規模にあわせて評議員が定められていたが[9)]、現在はすべての地区をおおむね6万人規模とし、これに地区住民による直接選挙を通じて15名の評議員が選ばれ、地区議会としての地区評議会（consiglio di quartiere）が成立している。ボローニャの場合、代表は評議員間の選挙を通じて決定され、副代表との間で業務を分担することができる[10)]。

改定に伴い、クアルティエレの既成業務の中で、各種サービスに関する直接的な監督業務の一部が縮減された（Paltrinieri, Allegrini 2020: 95）。これを、クアルティエレの権限縮小として捉えることもできる（Tubertini, Massarenti 2022）。一方で、地域環境管理とコミュニティ形成に関する各分野（cura dei territorio e delle comunità）の業務が強化された。地域環境管理とは、主に気候変動の緩和や適応、生物多様性保護等に関する活動を指し、一方、コミュニティ形成とは、社会サービスの提供体制の構築とともに、住民間、公民間の社会関係強化を目的とした諸活動を指す。特に後者に関してボローニャの議会文書[11)]は、地域の様々な組織に基づく近接的な関係の強化を図り、これを

4）ボローニャの人口は、1960年代に最大となっている。現在は40万人あまりである。http://inumeridibolognametropolitana.it/dati-statistici/popolazione-residente-nel-comune-di-bologna-dal-1861

5）都市内分権に関する組織、機能、区域、評議員の選定方法等は各コムーネの憲章あるいは規則に定められているため、詳細はコムーネによって異なる。都市内の区画も quartiere, municipio, zona など、コムーネによって呼称は異なる。

6）「分権に関する規則」の最終改訂は2015年7月20日（8月1日施行）。

7）たとえば Regolamento interno del consiglio di quartiere Savena（ai sensi dell'art.17 del Regolamento sul Decentramento）; Quartiere di Savena, Programma Obiettivo Triennio 2022-24）

8）ボローニャの現在のクアルティエレは、Borgo Panigale-Reno, Navile, Porto-Saragozza, San Donato-San Vitale, Santo Stefano, Savena の6地区である。

9）人口6万人の地区で評議員数は20名、3万5000人以上6万人以下の場合18名、3万5000人以下の場合15名とされていた。

10）コムーネによっては、住民が直接選挙で評議員の代表を選ぶ場合もある。

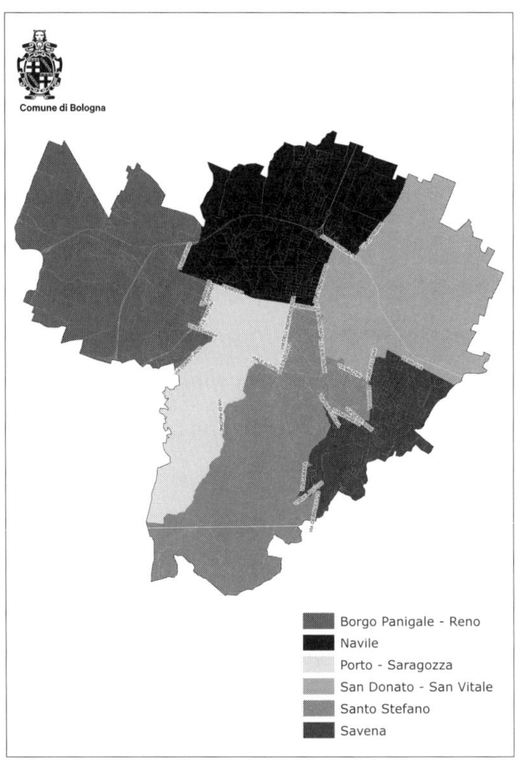

図１：ボローニャのクアルティエレ

（出典：Comune di Bologna. http://www.comune.bologna.it/archivio-notizie/dal-prossimo-mandato-i-quartieri-passano-da-9-6-i-consiglieri-da-152-90-nuove-funzioni-e-pi）

通じて不平等や排除といった様々な社会的課題を乗り越えるための基盤形成を意図したものであると説明している。地域環境管理とコミュニティ形成の双方の活動において、クアルティエレを核にコムーネと住民とが協働するという実態にあわせ、ボローニャではイタリアで初めて、公民間の協働協定（patto di collaborazione）制度が導入された（Tubertini 2019；Tubertini、Massarenti 2022）。

11） Commune di Bologna (2016). Delibera 45841/2016 "Attuazione della Riforma dei Quartieri: aggiornamento e ricognizione ambiti di competenza degli organi dei quartieri cittadini".

表１：ボローニャのクアルティエレ（各クアルティエレのサイトより筆者作成）

地区名	面積（km²）	人口（人）	平均所得（ユーロ）	外国籍（人）
ナヴィーレ	25,875	69,545	21,930	15,143
サン・ドナート／サン・ヴィターレ	26,268	66,697	22.903	12,123
サヴェーナ	11,460	59,890	24,843	8,461
サント・ステーファノ	30,040	65,047	35,782	7,517
ポルト／サラゴッツア	15,766	69,783	29,721	8,555
ボルゴ・パニガーレ／レーノ	31,436	61,200	22,563	10,017

コムーネは市民サイトに、住民が行政への参加に関して有する諸権利について、根拠となるコムーネの規則を公開している。その構成は、行政への参加（陳情、議決権、公聴会、法令の廃止、住民集会、住民投票等）のほか、行政文書やデータ等へのアクセス、ボランティアや社会活動等を目的とした組成の自由、外国籍（無国籍）を含めた住民による審議会、評議会等の設置等に関する内容である。したがって、住民による直接的な都市行政への参加は、コムーネや専門家との協働を通じた事業への関与や計画策定等における共同設計等にとどまらず、自ら組織を構成し、その一員として行うあらゆる実践活動を含むものとして解釈することができる。

地区評議会は、地区運営に関する方針として３年ごとにクアルティエレ施策計画（programma-obiettivo）を決定する。クアルティエレの代表は、この計画に基づき、各種専門委員会、相談会、プロジェクト・グループを構成して施策およびプロジェクトの実施にあたる。地区の住民は公開された情報を獲得し、自ら立ち上げた組織（アソシエーションや協働組合等）を機能させ、専門委員会やプロジェクト・グループに参加することを通じて、施策の実現や地区運営に直接参画する[12]。施策計画は、コムーネ議会で決定される。サヴェーナ（Savena）、サント・ステーファノ（Santo Stefano）、ポルト／サラ

12）クアルティエレのオフィス、専門委員会等による組織構造については、以下を参照。三浦哲司（2013）

ゴッツァ（Porto-Saragozza）の施策計画（2022～24年）によれば、3年間の予算はおおむね200万から300万ユーロである[13]。前掲三つの地区予算の内訳は、地域環境管理分野（土地利用・市街地・公共施設・環境等）とコミュニティ形成分野（教育・医療・地域福祉・コミュニティの活性化）の2分野を軸に構成されており、その多くは協働協定に基づいて実践されるアソシエーションや協働組合の活動に配分されていると考えられる。

クアルティエレ施策計画

前掲の3地区が公開するクアルティエレ施策計画は、具体的にはそれぞれ以下のような内容である（地区の範囲に関しては図1参照）。

【サント・ステーファノ地区】

サント・ステーファノ地区は、歴史地区や丘陵地を含むクアルティエレであり住民の平均所得はコムーネ内で最も高い。地区内には美術館や博物館が35ヵ所、一般ギャラリーが26ヵ所、歴史的建造物による劇場が3ヵ所、図書館は120ヵ所所在している。また、この地区は南部丘陵地を含み、歴史地区内には数多くの公園や歴史的庭園がある。このため、都市再生に関連して、コムーネ劇場や歴史的な邸宅など文化財の修復を対象に、コムーネ等が地区内で実施する大型の事業が複数予定されている。

都市緑地は公園としても重要な意義を持つが、気候変動対策や大気汚染問題を抱えるボローニャでは、生態系サービスの観点からも重要な要素となっている。このため、地区内にはタスクフォースが設置され、これらの積極的な管理行為が行われている。一方で、この地区には大型の旧兵舎があり、難しい都市再生事業の検討が継続的に行われている。こうした事案の決定プロセスに地区住民が参加する仕組みが確保されており、コムーネがすみやかな

13） Quartiere Savena Programma Obiettivo Triennio 2022-2024. Quartiere Santo Stefano Programma Obiettivo Triennio 2022-2024. Quartiere Porto-Saragozza Programma Obiettivo Triennio 2022-2024.

再利用の計画を提示できない場合には、クアルティエレがサードセクターと協働して暫定的な活用案を提案することもできる。このほか、公営住宅の都市再生事業が予定され、共同設計を目的とした居住者のプロジェクトへの参加が要請されている。

【ポルト／サラゴッツア地区】

歴史地区の西に広がるポルト／サラゴッツア地区は、ポルト地区とサラゴッツア地区を統合したクアルティエレである。サント・ステーファノ地区との比較では公的な緑地は少ないが、農地が多く自転車道の整備が進んでいる。歴史的建造物等に関する大規模な都市再生事業は予定されていない。地域環境管理の観点から本地区では、南部丘陵に沿って展開する五つの都市公園の再生と管理が生物多様性保護に関連する活動として、住民の参加によって継続的に実践されている。またコムーネがアクターとなって実施する大規模な都市再生事業への参加として、公営住宅を対象とした広場の再利用（第５章に紹介）を通じた共同設計が取り組まれている。コミュニティ形成の観点からは、福祉地区計画（第７章参照）の策定や青年層に関する教育支援など、コミュニティの活性化や教育を重視した活動が数多く運営されている。また、市街地に混在する農業的土地利用をネットワークとして結びつけ、緑地回廊を形成するプロジェクト等も実践されている。

【サヴェーナ地区】

サヴェーナ地区の施策計画には、コムーネが進める大規模な都市再生事業は確認されない。その一方で、地域環境管理におけるクアルティエレの重要性が強調されている。本地区はエネルギーや水資源、環境汚染等に関する広範な課題を持ち、特に水資源管理が重要となる地区である。このため、水路の清掃作業だけでなくクアルティエレによる様々な管理行為が行われている。また、本地区内には広範囲に公園が広がり、公園内には自転車道が整備されているため、緑地のネットワークとそのなかの農道管理の双方が地区の活動として実践されている。また、近隣商業空間を含む公営住宅群の再生問題も課題となっている。

コミュニティ形成に関しては、近接性の再構築に言及し、連帯、包摂、持続可能性をキーワードとして、持続可能な発展と新たな福祉システムの創出に関する施策の推進が検討されている。機会均等や文化的多様性、ジェンダー等による課題を解決するため、サードセクターとの協働による社会関係資本形成の促進を施策方針として挙げ、この枠組みに参加型予算の策定を位置づけている。

コムーネによって実施される大規模な都市再生事業は、歴史地区や広い丘陵地帯を含むサント・ステーファノ地区に集中している。ここには、歴史的建造物が数多く所在するため、これらは公共施設の修復に関連した事業である。コムーネ領域内ではこのほかに数多くの都市再生事業が様々な事業主体によって計画・実施されている。3ヵ所のクアルティエレ・オフィスはそれぞれのタスクフォースを立ち上げ、公園や緑地等の管理等のいわゆる地域環境管理に積極的に関与していることがわかる。ボローニャの郊外から丘陵地にかけて展開される都市公園、農村公園の多くはその対象である。また、コミュニティ形成分野では、3地区のいずれにおいても地区予算のほとんどは医療・福祉・教育分野の社会サービスに使用されており、特に、ハンディキャップを持つ住民への支援とその移動補助に関する業務に地域福祉・教育関連予算のおおむね8割があてられている。

コミュニティ・プランニングの特徴

クアルティエレで用いられるコミュニティ・プランニングの特徴は、一定の「場所を基盤（placed-based）」（Paltrinieri, Allegrini 2020: 49）として、コミュニティ自体が「コミュニティとともに」あるいは「コミュニティのために」、オープンで直接的な社会関係の構築を促しているという点にある（Paltrinieri, Allegrini 2020: 97）。しかし、この形態はクアルティエレ・ラボラトリによって初めて開始されたものではなく、ボローニャの場合、1970年代より、市街

写真１、２：住民センターの一つ
（上：ウンベルト・エーコの顔が描かれたセンターの建物、下：センターのカフェに集まる人たち）

写真３、４：住民センターの一つ
（上：センターの建物　下：センターのなかに設置されたミニ劇場）

地内に住民センター（centro civico）あるいは社会センター（centro sociale）など住民が集まる場所がコムーネによって設置されていた（写真１、２、３、４）。こうした場所は現在もコムーネ内に点在し、各クアルティエレには日常的に、政策についての議論を行うための基盤形成が試みられている。ボローニャを特徴づける既存の活動に加えて、クアルティエレ・ラボラトリのような新たな制度では、できる限り広い対象から複数の意見を公的な意思決定に取り込む住民参加制度の構築が指向される。ここで行われる取り組みでは、各種計画（都市計画、住宅計画、財政計画）に関する公聴会の開催や討議の場の提供、共同設計のプロセス等の制度化された側面だけでなく、日常的なコミュニティ活動を通じて各アクター自身が、自らが関わる事案の空間的な範囲やこれを構成する物的要素、社会的課題に関して相互にコミュニケーションを図り、共通の認識と連携体制を構築することが重視される。よって求められる成果も、具体的な計画（案）の策定だけでなく、これらのプロセスを通じて形成されるフォーマル、インフォーマルな社会関係である。こうした方法に関して、ボローニャ大学社会学部のパルトリニエリとアッレグリーニは、クアルティエレは、住民参加をより「構造化」（Paltrinieri, Allegrini 2020: 94）するための試みであると指摘している。

この構造化を進めるうえでボローニャにおいて特に重視されるプロジェクトが、住民と行政の協働による都市公共財の共同管理、市民参加型予算策定（Bilancio partecipativo）の二つである。

都市公共財の共同管理

都市公共財の共同管理とは、「都市公共財の管理と再生に関する住民と行政の間の協働規則」に基づいて実施される様々なタイプの住民活動である[14)]。都市公共財の保護、保存、維持あるいは改善は再生に関わることを希望する

14）Regolamento sulla collaborazione tra cittadine e amministrazione per la cura e la rigenerazione dei beni comuni urbani.

個人あるいは組織を対象として実践される。都市公共財とは、有形、無形およびデジタル形式の財であり、これらを保全あるいは再生に関する活動内容を住民組織がコムーネに提案し、活動を行うアクターとコムーネとの間における「協働協定」に基づいて、様々な住民活動が実践される。前掲のとおり、行政と住民組織との間の協定は、イタリアで最初にボローニャにおいて導入されたものである。

協働協定を通じて実施可能とされているのは、公共財の修復および改変や刷新といった有形物を対象とする事業だけでなく、協働を通じて計画を策定することが可能な経済、技術、環境分野のすべての事業であり、土地利用、環境、建築、場所等を対象とすることができる。また本事業の目的として、参加者相互の信頼や透明性、包摂と公開性、持続性や多様性、バランスや親密性（informarità）の形成が重視される。Column（3）で触れるインスタービレ・ポルタッツァの事例も、こうした試みのうちの一つであり、地縁組織や住民だけではない、一定の広がりを持つ緩やかな社会関係に立脚する形で建造物の管理体制を構築している。

公民協働の実践において、コムーネの役割は事業運営に関与することではなく、住民グループや社会的企業が相対して活動する場所、すなわち、協働のための共通基盤を形成することにある。公共セクターの役割は、社会経済的、文化的な活動の発展を目的として、住民にインセンティブを与えていくという点に限定されている。

市民参加型予算

市民参加型予算の策定[15)]は、住民からの直接的な要請をより広く理解し、財政計画に関する透明性を高める方法として、近年イタリアの多くの自治体に導入され、地区内で実施すべき事業の優先対象を決定することなどが試みられている[16)]。ボローニャでは、「住民参加（情報公開、討議、意見聴取）」、「共同

15） 市民参加型予算について以下を参照した。出岡直也（2012）

企画・実現性の検討」、「投票と結果の公開」、「実施に向けた具体化」という４段階から構成される参加型予算の手続きが、各クアルティエレ・ラボラトリの運営を通じて行われている。前述のように、ここでは、地区行政が主導してきた専門委員会とは異なり、よりオープンな形で討議が行われる。2017年の制度導入時におけるラボラトリの運用状況については、ボローニャ大学社会学部（Ces.Co.Com：Dipartimento di Sociologia, Unibo）がモニタリングを実施し、その調査結果を公開している[17]。

この報告書によれば、市民参加型予算は、代表制システムが持つ伝統的な行政スタイルや参加の仕組みを刷新し、1)複数性（pluralizzazione[18]）、2)住民の責任と行動、3)地域化（localizzazione, territorializzazione）を重視することで、住民参加を通じたガバナンスの深化を図る試みであるとされる。都市政策における立案アクターの転換を図り、様々な対象に関して地域共同管理体制の構築を進めることが事業目的として位置づけられている（Ces.Co.Com 2018）。この場合、決定プロセスで実践される日常的なコミュニケーションが重要となるため、人々が気楽に関わる場所の構築が重視される。

2017年に行われた実験的な試みで予算作成の対象とされた事案の対象は、郊外のクアルティエレ内部に所在する未使用となった集合住宅、スポーツセンター、シャッター街の商業施設などのコミュニティ・ストックであり（小泉 2015）、これらの再利用を目的とした都市再生事業に関する内容である。取り組みの経緯について、報告書は以下のように要点をまとめている。

ラボラトリ運営の第一段階では、地域分析と図化が行われ（Paltrinieri, Allegrini 2020: 111）、この段階には、300名以上の住民と134団体が参加した。団体とは、地区行政と関連の深い教育、宗教、社会、文化分野の組織であ

16） Regolamento per la disciplina del Bilancio Partecipativo; https://www.comune.bologna.it/regolamenti/regolamento-bilancio-partecipativo; Odg n. 214/2016

17） Centro Studi Avanzati su Consumi e Comunicazione（Ces.Co.Com）Dipartimento di Sociologia e Diritto dell'Economia dell'Università di Bologna（ed.）（2018）. Una ricerca lunga un anno. Partecipazione e immaginazione nell'esperienza dei Laboratori di Quartiere del Comune di Bologna. Sintesi dei dati di un anno di lavoro dei Laboratori di Quartiere e riflessioni sulla partecipazione a Bologna

18） Pluralizzazioneの日本語訳を「複数性」とするうえで、齊藤（2020）pp.9–10を参照した。

る。たとえば、ソーシャル・ストリートなども参画している[19]。この組織はコムーネと協働協定を結び、都市公共財として位置づけられた建造物の維持管理プロジェクトを実施する建築家等の専門家によるアソシエーションである[20]。これに対して、住民によるラボラトリへの参加は自発的なものであり、参加者の選択は行われていない[21]。

第二段階では、参加の可能性を広げるために、参加が難しい青年層や外国籍の住民を対象に、街路や近隣の住区や文化活動や様々な社会活動の機会にインフォーマルな対面を行い、そこでの簡単なインタビューを実施して様々な言語で準備された資料を配布し、関与する対象を広げながら情報共有が行われた。また、オープン・スペース・テクノロジーを用いた実践活動も進められ、この段階で600人あまりの関与が確認された。それぞれインフォーマルなコミュニケーションから得た提案内容に基づいてアジェンダが作成され、共同設計の手続へと移行している。

第三段階では共同設計が行われた。ここでは、住民による相互選出によって構成される住民のグループが、集められた提案の中から対象となる建造物の再生方法や経費等に関するより具体的な検討を行っていく。これらのなかから、最終的に投票を通じてプランが決定されることになる。プランは30日間広報され、外国籍の住民や、ボローニャで学ぶ学生、就業者（住民登録者ではない）を含めた16歳以上のすべての市民による投票の対象とされた（Paltrinieri, Allegrini 2020: 113）。投票期間は20日間である。この2017年の経験では、1万4584人が投票に参加したことが報告されている（Paltrinieri, Allegrini 2020: 123）。投票状況に関する分析によれば、16～24歳において参加が乏しく、一方で35～54歳、65歳以上の参加者で全体の6割を占めている（Ces.Co.Com 2018: 18）。2017年に限れば、コムーネとの間にすでになんらかの協働活動を行っている住民や住民のグループがラボラトリの核となってお

19） ソーシャル・ストリートについて cf. 井本恭子（2020）
20） Column（3）を参照。
21） 参加住民に関する選別の有無に関しては、都市イノベーションセンターのレオナルド・テデスキ（Leonardo Tedeschi）氏に対するメール（2022年8月10日）を通じて確認した。

り、それ以外の参加組織を持たない若年層や短期滞在者は、これらの活動には参加していない（Ces.Co.Com 2018: 24）。2018年には１万6000人が投票を行っており参加は増加の傾向を示しているが、やはり若年層の不参加が課題となっている。このボローニャ大学社会学部の報告内容に基づけば、最も参加を促進したい層において、充分な成果を得ることができていない実態が明らかにされている。

都市イノベーション財団

都市内分権による各クアルティエレを通じた住民参加の強化を背景として、ボローニャでは都市イノベーション計画（Piano per l'innovazione urbana di Bologna）が策定された。この計画は、ボローニャ大都市圏が課題として抱える多様性と包摂、欧州グリーンキャピタルの達成に向けた環境改善、都市農地保全システムの確立などをテーマに、都市の抜本的な刷新を目的としたものである。なかでも都市再生事業の内容、計画手法、実践経緯等は大きなテーマとなるが、都市再生の事業実施手続きとして、計画策定や事業実施あるいは事業実施後の管理などそれぞれの段階において、クアルティエレ・ラボラトリを通じた地区住民からの意見聴取と討議の場を通じた検証が行われている。

コムーネはこうした検証活動の実施を推進し、またクアルティエレ・ラボラトリの活動支援を目的として、調整的役割を担う産学官連携の研究機関となる都市イノベーション財団（Fondazione Innovazione Urbana、以下 FIU）を2018年に設立した。2022年５月３日に市庁舎で実施した FIU 所属のレオナルド・テデスキ（Leonardo Tedeschi）氏に対するインタビューの内容を踏まえると、この組織の活動内容を以下のようにまとめることができる。

FIU は非営利組織であり、設立会員には、コムーネのほか、社会住宅管理組織（Acer Bologna）、ビジネス地区（Bologna Fiera）、食料食品センター（Centro Alimentare）、運輸関連組織（TPER）等の大規模な公的機関が含まれる。FIU は社会的企業としてシンクタンクに近い業務を行い、ボローニャ大学等の研究者と連携して公民協働の実践支援を進めている。FIU は、アーバンセンター、情報センターなどいくつかのサブ組織によって構成される。スペンディングレビューの過程では、コムーネの財政支出を軽減するという観点から新たな組織の設立には反対も多い状況にあったが、組織横断的でマルチレベルの視点から個別事業の実施を図る必要性が重視され、都市イノベーションを目的としたこの組織の設立が決定した。

FIU は、設立後の 4 年間に主要なプロジェクトとして、クアルティエレ・ラボラトリの実施運営や参加型予算の作成、レジリエンス公園の共同設計の[22]ほか、大都市圏に点在するオープン・スペースに関する政策立案プロジェクト（Laboratorio Spazi）や同じく大都市圏を対象に検討が続くトラム整備に関するプロジェクト（Un tram per Bologna）、都市環境や地球環境問題に関する地区レベルの政策立案プロジェクト（Ambiente ed emergeneza climatica）、地区の学校を対象とした地域活動支援プロジェクト（Scuole di Quartier）等の、様々な空間範囲、レベルを対象に住民参加プロジェクトを実施してい[23]る。したがって、分節化されたこれらの細かい事業のすべてにおいて、地区住民と行政の討議の場、専門家を交えた共同設計の場が構築されていると考えられる。クアルティエレ・ラボラトリで進められた実験的取り組みの一つとなる都市計画の策定では、1 万5000人あまりの市民が何らかの形で計画策定に関わったとされる。それぞれのプロセスで、計画案は利害調整を含めた段階的な住民協議の機会を通じて柔軟に変更されるため、都市計画は、多様なアプローチによる変化を受容しながら動態的に策定されるものとなっている。

FIU は、特に排除が確認される脆弱な地域を対象に、住民のアクター化への動きを生み出す自身の活動を「近接性プロジェクト」（progetto di prossimità）と呼び、クアルティエレ・ラボラトリが用いる方法に関して、「公共政策に対する近接性に基づいた新しいアプローチ」（Fondazione

22） レジリエンス公園については第 5 章に詳しい説明がある。

23） Fondazione Innovazione Urbana, e Centro di Ricerca per l'interazione con le industrie cultural e creative（eds.）（2021）

Innovazione Urbana 2021）であると説明している。近接性のプロジェクトは、多様な目的を共有する住民および住民ではない人々によるネットワークによって構成される様々な活動を基盤とするもので、そこではインフォーマルな社会関係の創出が重視される。新たな社会関係に立脚した活動の場所では、日常的な政治的課題に関する意見交換が行われ、その内容はコムーネによる政策立案、決定、評価へと反映される。そこでのFIUの機能は、クアルティエレに積層する社会関係から複数性による参加を引き出しながら、討議に一定の質を担保することにあると考えられる。

FIUは、近年、大都市圏、州政府、他のコムーネとの共同プロジェクトへと発展しており、プロジェクトの実施においては、州政府を通じてEUレベルの事業を行う場合や、競争的資金として直接EU資金を獲得する場合もある。また、ボローニャ大学だけでなくミラノ工科大学をはじめとした地域外の研究者との連携も深めている。連携を進める研究者の分野についても、従来の都市計画や建築分野から、現在では、社会学、地理学のほか、特に環境分野の研究者との連携が増加している。FIUの資料は、クアルティエレ・ラボラトリに関して「北ヨーロッパで用いられるリビング・ラボから発想を得た」（Fondazione Innovazione Urbana 2021）と述べており、EU諸国において推進される北欧型のイノベーション政策をまちづくりや地域レベル（行政、企業、住民）に適用したものである。ユーザーの需要に基づいてイノベーションを促すこの手法は、具体的な社会実験の場としてのリビング・ラボ（living lab）を用い、フィンランドではそのプロセスに[24]、公的組織、サードセクター、研究機関等が深く関わりイノベーションのプロセスを促進することが指摘されている（徳丸 2017）。同様の試みは、日本においても、確認することができる[25]。

クアルティエレ・ラボラトリが住民参加型から住民主導型へと転換する契機として機能するためには、参加する人々の間で交わされる多元的な相互性

24）　cf. Committee for the Future（2005）

25）　日本における試みとしては、横浜市の共創ラボがある。https://www.city.yokohama.lg.jp/business/kyoso/kyosofront/lab/labo.html

が成り立つ必要がある（齋藤 2020）。この前提がなければ、クアルティレ・ラボラトリが生み出す近接性は、逆に画一的で親和的なあるグループが支持する一定の方向に参加者を誘導することで排除を生み出し、複数性の観点からは課題が残ることになる。また、クアルティエレ・ラボラトリは、一定の方向性に沿った文脈での詳細な計画変更を行う際には有効であるが、住民との協議を通じて大きな変更が予測される計画策定のプロセスは、つねに流動的な作業となる。

クアルティエレ・ラボラトリでの討議は、議案として与えられた政策の内容やテーマにより、その位置づけや導き出される結論の方向性が大きく変わる可能性を示している。ボローニャでは、ラボラトリで行われる協議の方向性を定めているのは、コムーネの諮問会議、専門家委員会等による決定である。こうした観点から、少数者の意見を含め、すべての議論が政策案の枠組みに影響を与えるためには、コムーネの側に政策原案を修正する判断がつねに求められる。クアルティエレ・ラボラトリでの討議が都市再生の質を検証すると捉えた場合、ラボラトリは特定の都市再生そのものを中止させる場合を想定せねばならない。また、住民によるすべての要望をコムーネが受け入れるわけではない。想定されるこれらの課題に関しては、専門家と行政、住民との間の丁寧な協議を通じて合意に至るとされているが、ラボラトリの運営システムやその評価に対する継続的なモニタリングが必要になると考えられる。

Column（２）ミラノの行政内分権

ボローニャと同じ北イタリアに所在し、北イタリアのリージョン型大都市圏の中心となるミラノ（コムーネ）においても、2016年にそれ以前の20地区から９地区へと都市内分権の区画が再編された。ボローニャのクアルティエレとは異なり、ミラノを構成する各地区はムニチーピオ（Minicipio）と呼ばれる。

ミラノ大都市圏は、ローマやナポリの両大都市圏と並び300万人以上の人口を持ち、大都市圏の首長および議員を選挙で選ぶ形を採用している[1)]。この場合、中枢市は、コムーネ域を自治権を持つ地区に区分することができる。こうした観点から、ミラノ（コムーネ）による都市内分権は、将来的な大都市圏のあり方を検討しながら、ムニチーピオに対して一定の自治権を与える方向で調整が行われていると考えられる。ボローニャ大都市圏のケースと比較すると、ミラノにおいてより行政内分権としての特徴を持ち、ボローニャにおいて近隣的、住民参加的な地域内分権であると捉えることもできる（Tubertini 2022）。

ムニチーピオに関する規定では[2)]、ミラノ（コムーネ）は二つのレベルの統治システムを持つ。一つが、中央システム（comunale centrale）であり、もう一つが地区システム（comunale municipale）である。前者では、行政計画や政策立案に関する総合的なガイドラインの作成等が行われ、後者では、地域的な活動や近隣における公共サービス等に関する具体的な施策の立案や組織化が進められる。特に地域で供給するサービスに関する施策立案、住民組織化やサービス管理とその質や満足度に関する検討のほか、中央システムが定める方針の範囲内で、地区システムが行う活動に関する規則を採択することができる。また、地区での活動やサービスに関する情報提供を目的とした

１）ボローニャ大都市圏の首長は中枢市ボローニャの首長が兼務する。

２）Regolamento dei municipi del comune di Milano, 2016. Modificato con deliberazione del Consiglio comunale n.6 del 5 febbraio 2018 e n.21 dell'8 luglio 2019.

表２：ミラノ（コムーネ）における各ムニチーピオの人口
（2021年12月31日のデータ）

Municipio1	97, 897
Municipio2	160, 873
Municipio3	142, 726
Municipio4	160, 679
Municipio5	124, 094
Municipio6	150, 159
Municipio7	173, 791
Municipio8	190, 059
Municipio9	186, 007
合計	1, 386, 285

出典：comune di Milano https://www.comune.milano.it/documents/20126/2313917/cleta_zone_eta_2021.pdf/b31d9159-e926-c882-2359-73b77d39b480?t=1644565083441

住民との連携や、住民や多様な活動を行うグループの参加をサポートし促す役割を果たす。地区システムが扱う具体的な分野は、教育、文化、スポーツに関するもの、文化遺産の維持管理に関するもの、個人所有の建築、緑地および都市整備、都市防災および街路網、商業活動および地場産業等である。

ミラノでは、ボローニャとは異なり、今後中心市街地の拡大が予定されている。新たな都市計画は、それぞれのムニチーピオに核となる広場を設定しながら、歩行を軸に移動できるネットワーク型の都市構造形成を目的としており、自転車、歩行、公共交通を通じて郊外の住宅地からも公共空間や緑地にアクセスを可能とする。この都市計画は、広場を核に分節化した各ムニチーピオのネットワークによって構成される中枢市ミラノをイメージさせるものである。

第3章

カーボンニュートラルとコミュニティ

ソーシャル・イノベーション

EUが推進するイノベーション政策の領域は、研究機関や産業・企業分野にとどまらず、教育、文化、地域政策関連分野にまで拡大されるようになっている（八木 2017: 435-436）。2013年に作成された『ソーシャル・イノベーションガイド』によれば、「社会的包摂」「都市再生」「ソーシャル・エコノミー」等の各分野において特に、NPOやボランティアセクター等による非営利活動が推進されている。ソーシャル・イノベーションの観点から行政と住民との間で急速に進む公民協働には、「責任型のコミットメントは存在しない」（八木 2017: 452-453）とする指摘もある。イタリアにおいても、社会政策の実施を市場に委ねる動きが強まり、特に社会サービス分野においてサードセクターの役割が重視されるに伴い本分野に対する法制の見直しが図られた[1)]。こうしたイタリアの動きについては、一方で、地域的な連帯を背景とする地域的個性として捉える指摘もある[2)]。事実、イタリアにおいて社会的企業は実に広範な分野の業務を担ってきており、公共セクターと住民によるアソシエーションをつなぐ動きは、つねに新しい社会経済システムを活性化する要因の一つとなっている。

本書の文脈でいえば、都市再生の目的や実施手法は社会的経済に大きく関連し、ボローニャの場合は特に、都市政策と環境政策との統合を前提に、都市再生事業による環境再生の実施において、社会的経済に立脚した政策イノベーションが急速に進められるなど、サードセクターを通じて次々と新たな事業が展開されている。

大都市圏の環境に関するボローニャ憲章

欧州グリーンディールは、再生可能エネルギー、持続可能なモビリティ、

1） 2017年7月3日立法命令第112号
2） イタリアのアソチアツイオニズモに関して以下を参照した。田中夏子（2005）

地域循環経済、環境保全型農業等を主たるテーマとしているが、イタリアにおいても国家戦略が検討され、イタリア環境省は2017年に気候変動対応計画を策定し、本分野における環境影響評価を強化した[3)]。また、各州はこの枠組みに従って州法を制定し、気候変動に関する州計画を策定している[4)]。そのなかでもボローニャを州都とするエミリア・ロマーニャ州は、環境分野においてEU内でも中心的な役割を果たしている。

2017年のデータによれば[5)]、エミリア・ロマーニャ州におけるエネルギー消費は、産業部門（30％）、運輸部門（29％）、居住部門（20％）である。一方で、エネルギー供給の割合は、天然ガス（52％）、石油（31％）、再生可能エネルギー（13％）であり[6)]、州内には水力、風力、地熱、バイオマス等のエネルギープラントが分散的に所在している（図１）。2014年時点で、エネルギー消費（consumi energetici complessivi）の10％以上を再生利用エネルギーが占めていたが、これらに加えて、再生可能エネルギー部門の継続的な強化が図られている。水力発電所はエミリア・ロマーニャ州において伝統的なエネルギー施設であり、19世紀から1960年代まで使用された小規模な発電システムが残存するほか、1990年代以後、特に2005年から2017年にかけて多くの新しい小規模水力発電設備（piccoli impianti mini-idro）が建設された。持続可能エネルギーへの転換が進められるなかでこれらの役割は再評価され、その機能的な再生事業の実施が検討されている[7)]。また、太陽光発電に関しては、プーリア州、ロンバルディア州に次いでエミリア・ロマーニャ州ではその生

3）　Piano nazionale di Adattamento ai Cambiamenti Climatici（PNACC）. https://politichecoesione.governo.it/media/2868/pnacc_luglio-2017.pdf

4）　Regione Emilia Romagna Strategia di mitigazione e adattamento per i cambiamenti climatici della Regione Emilia Romagna.

5）　Agenzia prevenzione ambiente energia emilia-romagna（Arpea）（2020）. Rapporto energia dell'Emilia-Romagna.

6）　Piano d'azione per l'energia sostenibile ed il clima（Paesc）del Comune di Bologna によればイタリアは、2030年までに再生可能エネルギーの割合を30％にすることを努力目標として掲げている。

7）　ピアチェンツァ、Monticelli d'Ongina（コムーネ）において、ポー川に設置された小規模水力発電（Isora Serafini）の再生事業等がある。小規模水力発電施設は州内に330ヵ所が確認されている。

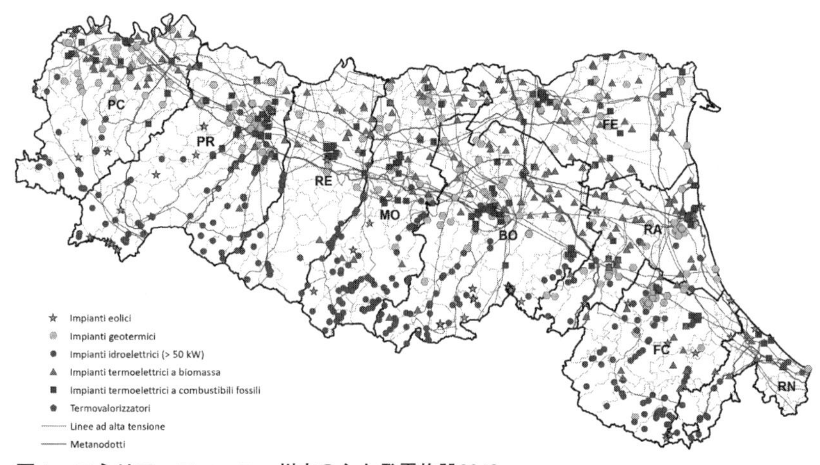

図１：エミリア・ロマーニャ州内の主な発電施設2018.
（出所：Arpea (2020). Rapporto energia dell'Emilia-Romagna, p.7）

産が活発である。州内の広い農村部では畜産を基盤としたバイオマスの利用が進められており、エネルギー化を目的とした森林資源の利用（ペレット等の生産）も進められている。薪等は、現在も日常的に使用されている。

州の計画は、気候変動問題を解決するために連携すべき広範な政策分野を抽出しており、その範囲は、大気、内水・水資源、海岸、森林、生物多様性・エコシステム、エネルギーシステムのほか、居住システム・市街地や文化遺産等に加えて、農業、漁業、観光等の広範囲にわたる。また、対処すべき問題としての土石流・洪水等の災害も検討対象に加わっている。州の計画はこれらそれぞれの分野に関して、法による直接規制、経済手段を用いた誘導、環境教育等の社会的手段を用いた地域環境管理への住民参加の促進等の多様な取り組みを考慮し、気候変動の緩和に向けた一定の方向性を提示することで各種企業、協同組合等の動きを方向づけている。さらに、州内に広がる森林、農地、湿地等は、気候変動対策の観点から保全、調査対象となっており、たとえば、アペニン山脈に点在するクリの栽培は州内の中山間地域を特徴づける森林活用の一つであるが、ボローニャ大学により、気候変動の緩和という観点から炭素貯留に関する調査が行われている[8)]。

ボローニャ県（現在の大都市圏）は、州計画に基づいた地域調整計画と温暖化対策計画を策定し、これを通じて特に注視すべき分野を定めて、気候変動に対するより具体的な対応策を作成してきた。2018年には大都市圏首長が連携し、ボローニャ大都市圏が中心となって大都市圏の環境に関するボローニャ憲章を締結した（井上 2021: 235-237）。ボローニャ憲章では土地消費、循環型経済、地球温暖化対策、エネルギー転換、大気汚染、水質、エコシステム、持続可能なモビリティに関する提言が行われている。

カーボンニュートラルと都市計画

ボローニャのコムーネレベルで実施される気候変動に関する取り組みは、2008年のイタリア国内の首長会議での協議を契機に計画策定が進められ、2012年に初期段階の具体的な計画が承認された。その後、経済界との協議段階を経て、それぞれのアクター間で協定が締結されるとともに、2020年までに削減すべき温室効果ガスの排出量に関する取り決めが成立した。また、気候変動に関する州計画に基づき、水不足、熱波、豪雨等の気候変動対応策も、検討すべき対象として計画に組み込まれた。

2000年代初頭から現在に至る動きを背景に、ボローニャ（コムーネ）はカーボンニュートラルを進める欧州10都市の一つに選ばれ、大都市圏の環境に関するボローニャ憲章締結後の2021年には、200頁あまりの「持続可能なエネルギーと気候変動に関する行動計画」（以下、行動計画）を独自に策定した[9)]。ここで言及された気候変動対策は、それだけでは法的な規制力を持たない。このためコムーネは、都市計画に気候変動の緩和、適応策を組み込み、行動計画の内容に規制力を持たせた。このアグレッシブな都市計画が根拠としているのが、2017年に制定されたエミリア・ロマーニャ州の2017年12月21日州法第24号、いわゆる都市計画法である。この都市計画法は、エコロジー、環境を重視する構成となっている（井上 2021: 166-169）。ボローニャ

8）　cf. 井上（2023）

9）　Piano d'azione per l'energia sostenibile ed il clima（Paesc）del Comune di Bologna.

の都市計画は、行動計画と連動した枠組み（表1、2）を構成しており、環境分野が強化されているだけでなく、居住の権利や包摂（社会）、就労支援、循環型経済の構築（経済）等の都市の社会経済的な側面に対する言及も確認される。

都市計画法に従い、居住、地域産業、文化レクレーション等のあらゆる分野の都市再生において気候変動対策という観点から見直しが実施され、都市再生は、気候変動対策において最も重要な関連施策の一つとなった。気候変動対策は、緩和と適応の二つに区分され、それぞれに関して技術面と文化面の二つのアプローチが準備されているが、都市再生事業では、特に都市計画基準等を用いた技術面からの実践的対策が行われている。

このうち一つは、都市構造（街路網等）および既存建造物の再利用と再生、透水性舗装の促進等に関するものである。EUは、2010年に建物のエネルギー指令を改正施行している[10)]。戦後、郊外に建設された比較的新しい建造物を含めて、ほぼすべての建物を再利用の対象に位置づけるイタリアでは、これによってあらゆる建造物（街路、住宅、庭園等）の修復事業や都市再生事業において暖房システムその他各種設備の刷新等を組み込み、省エネや気候変動緩和を実現していく必要がある。これは膨大な作業となっている。また、もう一つは、緑および水の回廊（都市緑地・都市農地）の展開である。その実現に向けては、都市農園の増設など都市農地に関する保全の取り組みが重視されるだけでなく（井上 2021）、河川や都市内を流れる水路等も文化面、都市環境面からその役割が見直され、都市農園の増設や水路の再生、水循環の再編が試みられている。

ボローニャでは、二酸化炭素排出量のうち住宅および商業施設関連でその7割を占めるため、行動計画では、個別住宅から集合住宅に至る様々なタイプの居住環境を対象に各種指標を用いたエネルギー使用の分析が行われ、その改善が検討されている。一般住宅、公共施設、公営住宅等を含む集合住宅

10） 建物のエネルギー性能指令の改正案、たとえば、以下を参照。
e.g. https://www.jetro.go.jp/biznews/2021/12/becc7344eb8f44fa.html

表１：都市計画の３つの指標（ボローニャの都市計画に基づき筆者作成）

都市計画の三つの軸	
1．　レジリエンスと環境（環境） Resilienza e ambiente	現在あるいは未来に都市に居住する人たちを対象に、人々の健康と福祉を保証し、持続可能エネルギーへの移行を進めながらリスクを回避し、気候変動に対応する。
2．　居住と包摂（社会） Abitabilità e inclusione	人口の増加に対応し、家族、若者、学生等の就業を保証するとともに、居住をはじめとした基本的なサービスの提供を充実する。
3．　都市の魅力と仕事（経済） Attrattività e lavoro	社会基盤を強化し、イノベーションや経済発展を促進する。 地域の活動を活発化し、新しい仕事を生み出し、循環型社会を形成する。

表２：持続可能なエネルギーと気候変動行動計画におけるアクションプラン（行動計画に基づき筆者作成）

行動計画		
都市再生 環境リスクの回避	土地消費を抑制	既存建造物の再利用 市街地の有効利用
	都市エコネットワークの形成	生物多様性 エコシステムの保護 都市緑地の保全・再生およびこれらのネットワーク化など
	水系・表面水	河川および水路の再生 水質保全
	自然災害	水害、地震等に対する防災
	住宅	熱波への対応
	人の活動	騒音対策など

等の修復事業、緑地の管理、自動車交通の抑制、植樹、透水性舗装への転換等の市街地における環境再生は、都市再生事業の実施を通じて実現されるものであるが、これらのなかには、ガベッリーニが第１章において指摘したように、パンデミックのために後回しにするかあるいは中止にした地域もある。しかし、少なくとも、ボローニャにおいては住宅分野に関するすべての

都市再生事業で環境再生の実施が進められている。

現在、エネルギー問題は深刻な課題となっており、このままエネルギー価格が高騰すると低所得者層では、電気や暖房の必要経費が一定の調整対象である家賃を超えて家計を圧迫する状況が生じる可能性がある。したがって、市街地内においても太陽光発電を中心とした再生可能エネルギー施設の設置等についての検討が行われている。

先にも述べたように、エミリア・ロマーニャ州では小規模な太陽光発電、風力発電などが展開されているが、地理的条件から風力あるいは水力による発電が困難なボローニャ市街地周辺では、再生可能エネルギーの多くは太陽光発電となる。想定されているのは、郊外の集合住宅における屋上への太陽光パネルの設置である。街区単位での分散型システムを作り、近隣地区との間で相互補完的に電力供給できるシステムを構築するという想定である。これは、国が推進する再生エネルギー・コミュニティとも関連する動きである[11)]が、改革の実施を困難としているのは法的な見直しとの関係である。周辺農地での太陽光パネルの設置は、土地消費に対する規制によって実施できない。これは自然資本管理の観点から法定化された州の原則であり、温暖化対策と矛盾する動きにはならない。しかし、一方で、建造物保存の観点から躊躇されている屋上へのパネルの設置は、早急な対応が求められる課題である。まずは暫定的な太陽光パネルの設置を進め、住民の意識改革や暮らし方の転換を図り、次の段階でより長期的な解決策を見出す柔軟な対応が要請されている[12)]。

今後、現在の都市型生活スタイルを抜本的に変更し、建造物群の修復や近隣地区の間での連携を不可欠とするグリーンハウスあるいは再生エネルギー・コミュニティ等の動きをより促進して市街地内での環境再生を進めていくためには、クアルティエレによる地域環境管理、特に土壌や水資源の保全、生物多様性保護や、これらの活動の重要性を理解するうえでの環境教育

---

11) Green Energy Community (2020)

12) 市街地内の太陽光発電に関する現状については、2022年９月８日コムーネのオフィスでのボローニャ住宅政策課長グェルツォーニ（Guerzoni）氏へのインタビューに基づく。

が重要な役割を果たすことになる。

協同組合による再生可能エネルギー

イタリアでは、エネルギー分野、特に北イタリアの水力発電部門において1800年代末より協同組合が重要な役割を果たしてきた。こうした伝統にのっとり、再生可能エネルギーに関しても大規模な協同組合（Legacoop, Allenanza 3.0など）の動きが活発化している。エネルギー分野の協同組合は、発電システムの転換および分配に加えて、新たなグリーン住宅の供給などを目的とした様々な試行を進め、本分野から新たな経済的メリットを生み出す動きを加速している。特に推進されている分野は、エネルギー・コミュニティ（Comunità energetiche）の形成である[13)]。「再生エネルギー・コミュニティ」は、近接性に基づくメンバーの間の自律的な規定に依拠し、再生可能エネルギーを様々な形態で管理し循環型経済へと波及させていくもので[14)]、この普及に向けて多くの協同組合が持続可能なエネルギー住宅群の構築を進めている。

こうした観点から、近年、再生可能エネルギーに関連して設立され協同組合やその活動の事例としては、以下がある[15)]。

・マルピニャーノ協同組合（cooperativa di Melpignano）
　プーリア州に2011年に設立：太陽光発電
　レーガコープとコムーネにより運営
・FTI 協同組合（cooperativa FTI）
　ボルツァーノ自治県に2003年に設立：バイオマス
　コムーネが関与して運営
・WEFORGREN 協同組合（coopetiva WEFORGREN）
　プーリア州、ロンバルディア州に設立：太陽光発電
　居住者（生産者でもあり消費者でもあるコミュニティ）による運営

13）Green Energy Community (2020).
14）Direttiva UE 2018/2001
15）Green Energy Community (2020).

・エネルジーア・ポジティーヴァ協同組合（cooperativa energia positiva）
　ピエモンテ州に2015年に設立：太陽光発電
・ENOSTRA ミラノ協同組合（cooperativa ENOSTRA Milano）
　ロンバルディア州に2014年に設立：太陽光発電
　サードセクターによる運営
・ピネロレーゼ協同組合（comunità Pinerolese）
　ピエモンテ州に設立：太陽光発電
　エネルギー・コミュニティによる運営
・サンラッザロ・ディ・サヴェーナ・アソシエーション
　（Associazione comunità energetica di San Lazzaro di Savena ）
　エミリア・ロマーニャ州に2011年に設立：太陽光発電（学校屋根）
　コムーネ、エネルギー・コミュニティによる運営

地域環境管理とトラム

住民の暮らしに最も深く関連する分野として、もう一つ、持続可能な交通システムへの転換問題もボローニャが強く促進する政策分野である。ボローニャはもともと車依存型の都市構造を持ち、大気汚染に関して長年課題を抱えてきた。これに加えて、気候変動の緩和を目的として、エコカーの運用だけでなく自動車交通全体の見直しを図る必要がある。現在のコムーネによる試算では、１日44万人（自動車利用者の28％）を自動車から別の交通手段（自転車、トラム、徒歩）へと変換し[16)]、2030年には現在の半分あまりまで減少を試みる必要がある。このため、歩く街づくりが進められている。

「公共交通の再編」という観点から、現在、ボローニャ大都市圏レベルで重視される大規模プロジェクトがトラムの建設である（図２）[17)]。本分野においても、2019年から現在に至るまで広く住民からの意見聴衆が続けられている。歩行を中心としたまちづくりとともに、周回、循環等の観点から街路網を見直し、駐車場や物流、スマートモビリティに関する検討も行われてい

16）Città metropolitana di Bologna, comune di Bologna (2017). Piano Urbano della Mobilità sostenibile.

17）2026年までに70億ユーロ以上が準備され、2023年より一部の運用が開始される予定である。

る。エネルギーや交通に関する協議は、大学や協働組合連合、関連会社等のアクターを交えて実施され、各種の実験プロジェクトの実施とともに、住民の意見交換や討議の場としてクアルティエレ・ラボラトリがその拠点に位置づけられている。

地域自治組織を通じた小規模な活動の重要性

気候変動対策に関して技術面からのアプローチとして都市計画、交通計画との連携が図られているが、文化面から行われる幅広いアプローチとは、情報公開、環境教育、住民参加活動等を通じた小規模ではあるが重要な共同管理活動である。これらは、気候変動等の課題に対する社会的な認識の広がりを生み出す。クアルティエレの住民や住民組織を構成する多くの参加者は、都市内に点在する公園や庭園の管理を行うだけでなく、自分の庭や農地で植樹活動等を進めて都市農園を増やし、緑地ネットワークを創出している。これは清掃活動のように都市美化活動の一端として開始され行われてきたものであるが、現在、こうした活動に参加する住民はクアルティエレ・ラボラトリを通じた計画策定や環境教育の機会等を通じて、自身の活動を気候変動問題や生物多様性保護の問題に関連づけて捉えるようになっている。住民自体が、日常生活の細かい場面で環境再生に関わる暮らし方を実践し、地域環境管理への参加を一般化していくことは、自身の役割に対する意識改革に結びつくだけでなく、環境に配慮した消費を進める地産地消や都市農地の保全、近隣商業空間の再編など、地域経済にも連動する新たな動きを生み出している。

環境再生の実践を都市政策に組み込む動きは、EUの環境統合を通じてすでに実施されてきたことではある。しかし、都市計画を気候変動対策における実践的手法に位置づけることは、都市再生の事業内容を技術面から包括的にコントロールするうえで極めて有効である。ボローニャの都市計画は、農地、河川等を含めた領域全域に適用されるため、都市計画基準に組み込まれた規定は、個別の都市再生事業に対して環境再生事業（水循環、温暖化対策、生物多様性保護等）としての役割を与えていくことになる。また、都市再生の対象がどのようなものであっても、矛盾のない包括的な基盤に立脚して事業内容が検討され、環境保全の観点から都市の質を向上させていくことができる。ここでのコムーネの明確な役割は、都市政策と環境政策の統合による課題の総合的な認識とその施策の具体化である。

一方で、節電や省エネ、植栽やエコカーの普及等の問題は、住民の主体的な活動を柱としながら、制度、組織等に関するイノベーションの促進が重要になる。この分野の課題解決に向けた住民活動の活性化においてクアルティエレは中心的な役割を果たす。エミリア・ロマーニャ州およびボローニャ大都市圏が提示する環境政策は、中枢市であるボローニャ（コムーネ）やコムーネ連合へと浸透し、さらには各クアルティエレの施策計画を通じてコミュニティレベルに至り、住民の具体的な実践活動に結びつくことになる。また、気候変動対策等の多様な環境再生に関するテーマ設定は、国内外の様々なネットワークを惹きつけるため、クアルティエレを核に住民やそのアソシエーションによって実践される様々な活動は、国際的な広がりを持つことになる。

環境再生事業としての位置づけを持つ都市再生すなわち、再生可能エネルギー施設整備、市街地における持続可能なエネルギー対策、住宅改善、水路等の再生や整備、自転車道の整備、トラム建設のすべては、都市再生計画案の策定段階、検討プロセス、実施後の管理に至るまでクアルティエレ・ラボラトリを通過し、住民、NPO、各種財団、協同組合等によるそれぞれの学習プロセスを通じて、住民の視点からその内容が検証されていくことになる。

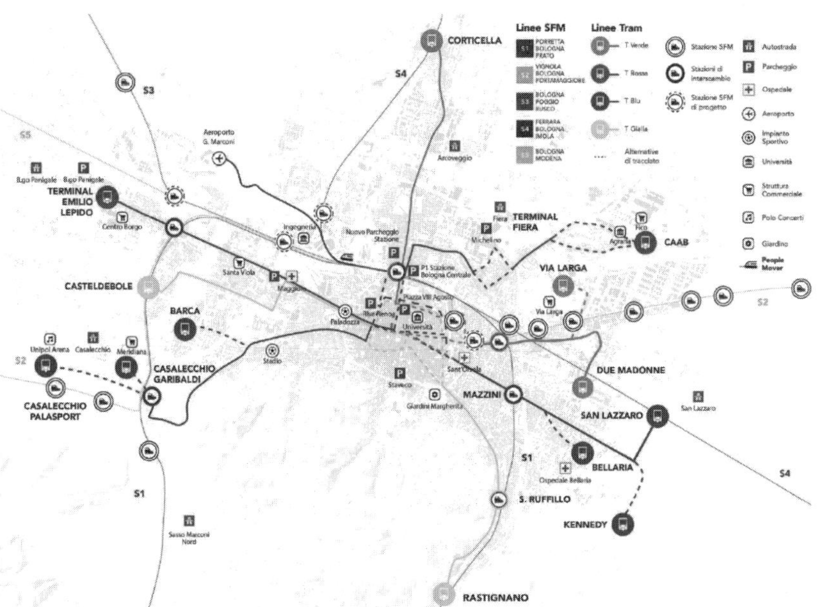

図2：大都市圏内のトラム運行想定図

（出典：Comune di Bologna）

第4章

ソーシャル・イノベーションを育む媒介の場所

ボローニャとそのアーバン・ユニット

ボローニャ大学建築学部准教授
マルティーナ・マッサーリ（Martina Massari）

問題の所在

社会的・経済的な変化やグローバルな環境問題、そしてそれらの影響により、都市はかつてない衝撃とストレスに晒されている。都市計画は、長年都市と向き合ながら都市問題への対応を試み、その歩みのなかで、計画的方法と非計画的方法の二つを用いてきた（Pasqui 2013）。しかし、これらは相互に絡み合い影響し合いながら階層的な権力構造を生み出し、結果として排除を顕在化させる数々の装置を作り上げてしまった。こうした批判は、都市政策あるいはその実践としての都市計画に対して変革が要請される現在、ソーシャル・イノベーションを重要なファクターとして推進しようとする広範な文献のなかに見出すことができる（Bureau of European Policy Advisers 2014；Moulaert et al. 2010；Mulgan 2006）。ソーシャル・イノベーションは、公共サービスをいかに分配するのか、あるいは、多様なアクター間での結束力をいかに高めるのか、公共空間をいかに管理するのかといった問題群に対して、市場の欠陥と政府の失敗という二つの課題を埋めるために促進され始めた社会活動の一部として理解されてきた。また、この概念は、未着手な社会的要請を対象に（Moulaert & Nussbaumer 2005；Muray et al. 2010）、市民やグループが変革の機会を生み出しながら（Gerometta et al. 2015）、国家という枠組みに縛られずに進める自発的な活動（Moulaert & Nussbaumer 2005；Murray et al. 2010）としても都市研究の議論に深く浸透している（Moulaert et al. 2013；Servillo & Van Den Broeck 2012）。先行研究のなかには、利益の再分配を改善し、地域社会に影響を与えるプロセスや（Gerometta et al. 2005）計画策定プロセスにおけるコミュニティと行政組織との関係に変化を与えるツール（Vicari Haddock & Moulaert 2009）として、ソーシャル・イノベーションに焦点を当てる見解もある。後者の文脈では、変化を促す実践的な能力や日常のポリティクス（everyday politics）（Manzini 2015；Manzini & Staszowski 2013）という視点から、「ボトムアップ」による偶発的な行動に着目するものもある[a]。これらは、都市で行われる公的な活動や伝統的なプランニングに組み込まれた先入観あるいは抵抗といった様々な問題についての再考を促すものとなっている（Sandercock 2004）。

ソーシャル・イノベーションは、地域社会を対象とする包括的な概念であるが、その実体は曖昧である。欧州政策諮問部（Bureau of European Policy Advisers 2014）やEUアーバンアジェンダはこの点を認識したうえで、都市を対象とするソーシャル・イノベーションの必要性を明らかにしようと試みている[(b)]。そのためには、イノベーションの規模や方法、タイミングやその変容経過を一体的に把握しうる制度構築的なアプローチを確立していくことが必要である。ここで立案される都市政策は、日常的な課題を短期的に解決していくものにならざるをえないが、今日では日常的な課題も地球規模の問題に直面しており、その影響は地域社会の細かいレベルに入り込んでいる（Murray et al. 2010）。また多くの先行研究は、パートナーショップに基づいたソーシャル・イノベーションを効果的に持続させるためには、地域社会や地方政府が決定権限を持つ必要があることを指摘している（Moulaert et al. 2013；Moulaert & Nussbaumer 2005；Ostanel 2017）。中央政府と地域社会との関係については、伝統的な計画論においても常に議論されてきたテーマである（Balducci et al. 2011；Hillier 2011）。さらに、行政組織に対するイノベーションを模索する研究もあり（González et al. 2010；Moulaert et al. 2007）、これらの場合には、ソーシャル・イノベーションから派生した方法論を行政組織に対して適用している。これらの先行研究が明らかにしているのは、短期的、即自的、継続的な変化を生み出すものの、本質的には偶発的な性格を持つ日常のポリティクスと、行為を一定の枠組みや空間的境界に落とし込んでいこうとする都市計画の長期的で管理された戦略的ビジョンとの間には、いまだ大きなミスマッチと緊張関係が存在するという点である。

こうした課題を緩和するために、欧州のいくつかの都市では、人々の実践活動と計画策定との間の相互作用を強化し（MacCallum & Haddock 2016）、

訳注（a）　日常のポリティクスについて著者は、日常的な政治的課題、社会政治的活動と説明している。

訳注（b）　ソーシャル・イノベーションは幅広い概念であるが、ここではEUの規定によるソーシャル・イノベーションの概念に依拠して翻訳を行った。

変化のダイナミクスを内包した都市政策の立案プロセスを試みている。そこでの実践活動は、異なるレベルでのボトムアップ型実践活動や異なる政策間の橋渡し役として調整機能を果たすことになる。この実践活動が果たす調整機能に対して、ボトムリンクガバナンス（bottom-linked）（Garcia 2006）やトレーディング・ゾーン（Balducci 2015；Balducci & Mäntysalo 2013；Mäntysalo et al. 2011）などの新しい定義を援用する研究もある[(c)]。これらの研究による解釈では、ソーシャル・イノベーションは従来の調整手法とは異なり、状況や出来事を一つの段階から別の段階へと転換（一つの空間を別の空間へと転換）する能力、また、共同生産的な方法を志向した新しい関係性の構築や合意形成を通じて、地域コミュニティと制度／行政組織[(d)]との間の相互作用を強化することができるとする（Albrechts 2013；Oosterlynck et al. 2011）。ある知識（knowledge）を共同で生産するプロセスは、都市変容における意思決定や公共サービス伝統的な供給のあり方、都市空間の生産に関して代替案を生み出していく可能性がある（Orioli & Massari 2020b）。

このように、ソーシャル・イノベーションによる実践活動は、多元的な結論や利害を受け入れながら、様々なレベルでオープンに繰り広げられる多様な対立の場を創出することとして理解することができる（Balducci & Mäntysalo 2013）。こうした実り豊かな道筋を生み出すためには、日常のポリティクスが、長期的な政策と融合して共同設計（co-design）される特定の環境となる場所、すなわち本章で「媒介の場所」と呼ぶものが必要となるように思える（Massari 2020）[(e)]。媒介の場所は、相互作用を生み出す空間的なプラットフォームであり、そこでは短期的な視点と発展的で長期的な見通しとが融合され、

訳注（c） ボトムリンクガバナンスについては、以下を参照した。Capano, G., Rayner, J., & Zoto, A.R. (2012). Governance from the bottom up: Complexity and divergence in comparative perspective. Public Administration, 90(1), 56–73.

訳注（d） Institutionsを、制度および行政組織の双方を表すものと認識して訳出した。

訳注（e）「媒介の場所」という日本語訳については、ブリュノ・ラトゥール著（2019）『社会的なものを組みなおす――アクターネットワーク理論入門』伊藤嘉高訳、法政大学出版局、pp.72-76（=Latour (2005), Reassembling the Social:An Introduction to Actor-network-theory）を参考にした．著者のマッサーリは、intermediaryに関して「橋渡し」であると同時にそのプロセスには「媒介」が含まれると解釈している。

実践活動を通じてイノベーションが引き出される（Orioli & Massari 2020）。こうしたアーバン・ユニットでは、異なるアクターが具体的なニーズによって結びつき行動するといった直接的関係が回復し、これによってソーシャル・イノベーションが引き起こされると考えられる。この前提に基づけば、媒介の場所は、ネットワーク、空間、ガバナンス等を用いた横断的な分類法によって定義されることがわかる。

ソーシャル・イノベーションにおける媒介の場所

都市の空間に強く結びついた（Ostanel 2017）ソーシャル・イノベーションの実践は、ある場所の媒介機能を通じて発展しているようにみえる。ここでの仮説は、本章が媒介の場所と呼ぶ都市の中の特定の場所が、こうした状態を醸成するというものである。このような場所は、境界を越え、また異なるレベルの人々や組織間の橋渡しをなしうる生産的なアーバン・ユニットとして理解することができる（Acuto et al. 2019）。実際、空間が意味を獲得することによって成立する場所というものがなければ（Zandonai & Venturi 2019）、イノベーションは関係性を創出し育成することはできない。したがって空間は、外部性（positive externalities）を生み出す相互作用のための社会的基盤あるいはプラットフォームである。

媒介の場所という概念は、そこで公民が連携するアーバンセンターのような組織（Monardo & Massari 2020）[f]と、「サードプレイス」（Oldenburg 2007；Oldenburg & Brissett 1982）の双方に立脚し、より容易かつ柔軟な方法で独自性を持つ新しい形のコミュニティを創出する環境である（Avermaete et al. 2006）。こうした場所では、人々が自らコミュニティを選び形づくっていった結果、共有の領域が形成され、そこでは公的、私的の境界は曖昧になる。また、アクター間の新たな関係構築に基づいて緩やかな境界を持つ空間に焦

訳注（f）　アーバンセンターとは、コムーネとボローニャ大学その他の連携を通じて設立され、都市イノベーション財団の前身（現在はその一部）となるものである。

点が当てられる（Sennett 2012, 2017）。こうした場所では、不確定な要求に対する発案から発展した活動が行われる。つまり、媒介の場所は、様々な問題、関心、概念、懸念の間の「トレーディング・ゾーン」（Balducci & Mäntysalo 2013）として、これらの橋渡し役あるいは翻訳装置として利用されている。

バルドウッチ（Balducci）とマンティサロ（Mäntysalo）が援用するトレーディング・ゾーンという考え方は、ピーター・ギャリソン（Peter Galison）（Galison 2013；Galison & Biagioli 1999）に依拠したものである。ギャリソンは、トレーディング・ゾーンは概念や方法を共有するためのローカルな社会基盤であると説明している(g)。それは、潜在的には対立していると考えられるシステムとそのユーザーとの間の交流を促すものである（Mäntysalo et al. 2011）。この考え方は、都市生活を共同で営むために行われる日常的な実践と政策との関係にあてはまる。すなわち、トレーディング・ゾーンは、「特定地域の文脈において、相互作用の促進を最終目的として、非常に複雑な問題をよりシンプルな記述へと変換することができるプラットフォーム」（Balducci 2015）である。

トレーディング・ゾーンにおいては、異なる学問的背景、方法論、多様な目的を持つ当事者グループの間にも相互作用が生み出され、彼らはお互いに単純な会話を開始しながら情報交換を行い、相互理解を進め、部分的な合意の構築を図ることによってイノベーションの生成を促進することになる（Galison & Biagioli 1999）。人々が活動する都市空間は、背景となる価値体系あるいは利害が異なる多元的なアクターによる協働や相互協力により、ますますハイブリッドな文脈を示すようになってきている。

したがって、トレーディング・ゾーンの考え方では、ある場所で生まれた多様なアイデアは、外的な力によって出現したのではなく、地域的で創造的な固有の体験の一部として発展したものである。また、そのプロセスを内在

訳注（g） cf. Galison, P. (2013). *Tradin g Plans*, in Baluducci, A. Mäntysalo, R. (eds.) *Urban planning as a trading zone*. London, Springer.

化させる場所は、多様な人々に関与の機会を提供するものとなる。こうした場所は、新たに長期的なダイナミクスや変容を引き起こす可能性がある。ギャリソンはこうした場所を、多様で新たな価値（たとえば、新しいプロセス、アイデア、言語、製品、サービス等）を生み出すうえで必要となる概念や手段を共有しながら、異なる立場が相互に関係する実験室（Laboratories）であると捉えている。つまり、こうした場所は、異なる文化間の対話や多様な知的領域と都市システムの間を結びつける役割を果たし、多元化しつつある公共性（different ‘publics’）の共通基盤であると捉えることができる（Balducci & Mäntysalo 2013）。

一部の研究者が強調しているように（De Bonis et al. 2014）、この種の場所は、多様なアクターによる協働や相互協力が可能となる媒介の空間（space of intermediation）であるといえる。媒介の空間では相互作用が誘発され、社会的な実践活動が活性化される（Avermaete et al. 2006）。この動きにおいて、ある地域の特定的な問題は、共有の資源として認識されるようになる。

媒介の空間の領域がどのように定められるのかという問題は、「多様なグループによる共時的な利用と混成」（Amin & Thrift 2002）がどのように合意されていくのかという議論として捉えることができる。この議論で用いられるノウハウや思考は、人々の出会いや交流、それらがもたらす結果を通じて――それがポジティブなものであれ、ネガティブなものであれ――培われ、その相互作用の結果は、公共の空間（public spaces）における偶然の出会いではなく、特定の場所（specific places）で起こる「必然的な偶然性（necessary contingencies）」であると定義される。さらに、「必然的な偶然性」として人々の相互作用が生じる場所は、空間と時間に固定されたものではなく可変的で動的なものである。こうした場所形成のダイナミクスを理解し、その可能性を把握するためには、この著者らにおいては、中間性（betweenness）とマイクロ空間（micro spaces）という二つの概念が重要になるとしている。ここでいう中間性とは、計画の立案者が参加者に対して「クリティカルな発言や主張を刺激する」動きである。一方、マイクロ空間は「研究する権利」（Appadurai 2006）に基づく多様な知識を、政策や公共選択のための「情報基盤」(Borghi 2018) へと変換し、コミュニティのケイパビリティを強化すると考えられる次元である。こうして形成された媒介の場所は、相互作用を考慮しながら、その外部性(ポジティブあるいはネガティブ)を利用し、対立を超えて、二つの相反するビジョンの相克を通じて別の視点を導き出すものとなる。したがって媒介の場所は、公的アクターによるアクションと地域社会との間に長期的な合意を生み出すものとして把握することができる。

媒介の場所が持つ潜在的な力は、ボローニャにおいても確認することができる。ボローニャは、伝統と長い年月をかけて都市計画とソーシャル・イノベーションとを複合的に用いてきた一つのケース・スタディとして読み解くことができる。その目的は、都市遺産の重層的な重なりを回復させることにあったが、そのなかで形成されてきた都市の付加価値を高めている多様な場所のおかげで様々な相互作用が生み出され、多くの機会が創出されることになった。

媒介の場所　その活動領域としてのボローニャ

ボローニャは、革新的な政策や市民志向の取り組みを行う実験的な都市モデルという観点から、多くの分野で研究対象とされてきた (Allegrini & Paltrinieri 2018)。ボローニャは、つねに多様性の都市として存在し (Amin & Thrift 2002)、政策立案や行政手法とともに、多様なアクターの行動を軸に構築されてきたということができる。実験室としての都市モデル(例としては、1969年に施行された歴史地区のための都市計画に対する模範的なアプローチ)は、制度の革新や一連の政策理念およびその具体方針を通じて近年さらに強化された。

良好なガバナンスという観点から注目されてきたボローニャでは、つねに個人や組織のニーズを認識し、これらのニーズに対して積極的に働きかける市民活動を育くんできた。経済的な連帯と住民間の相互協力というこの伝統は、都市変革を進めるうえで重要な要素であり (Orioli 2016)、都市発展において行政と市民との間の責任分担を図り、都市行政は何を行うべきなのかを定めるうえでの基盤となっている。こうした都市行政の特徴は、地方分権から居住地区問題に至るまでの課題を市民と共有し、組織間の連携を強化することによって維持されてきた。

つまり、ボローニャは何年にもわたって協働の論理に従った都市発展のアプローチを構築し、そのなかで空間的要素と社会的要素という二つの問題を相互に関連づけてきたということができる。2014年以降、ボローニャは、住民の組織能力とコミュニティベースの活動を支援するために、「協働都市(Collaborative City)」(住民と連帯し社会改革を実践する都市モデル)を実践し、住民と情報を共有しながら、都市内で実践される様々なコミュニティ活動をサポートしてきている。このアプローチではいわゆる補完性の論理を超え、地域における人々の参加を強化するだけでなく、起業家的スキルや地域の情報を活用したソーシャル・イノベーションが都市政策に組み込まれている。採用された戦略を通じて、様々なステークホルダーによって構築された相互作用が新しい価値を生み、組織間の緊密性を強化しているということができる。

ボローニャの都市イノベーション計画 (Il Piano per l'innovazione urbana di Bologna, n.d.) が述べているように、ボローニャモデルの顕著な特徴は、コミュニティが相互に影響を与え合う機会、すなわち社会関係資本を視野に含めた「空間と場所」の創出を想定している点である。このイノベーション計画は、地域に密着した絶え間ない参加プロセスを担保するための条件整備を進め、データ等へのアクセスをすべてオープンすることによってソーシャル・イノベーションを促進するとし (Monardo & Massari 2021)、新しい創造的な方法を導入することでステークホルダーの参加を促し、ある場所が媒介としての役割を果たすための条件を整えるとしている。その目的は、住民に対しては参考となる役割のモデルを提供し、行政組織に対しては政策イノベーションのきっかけを提供することにある。これらの成果として、公的機関と民間の当事者との間の好循環的な相乗効果が生み出される。つまり、都市イノベーション計画は、一定のプロセスを通じて、シームレスな住民参加の条件を整え、内在化した能力をチャンスへと結びつける。興味深い点は、エリア、空間、既存建物、社会基盤等を対象とした都市再生を通じて、地域コミュニティ自体が、プロジェクトと財源に関する統合的なフレームを構築している部分である[(h)]。

ソーシャル・イノベーションから生まれた様々な段階の企画や方針は、住民の要望を計画化するという段階を経て（Gabellini 2018）、2021年に施行されたボローニャの新しい都市計画（PUG）に組み込まれている。この都市計画は、これまで時間をかけて更新され、今日的課題に直面するなかで補強されてきた制度的、組織的な遺産を体系化することを試みたものとなっている。現在までの都市政策改変の経験を通じて、ボローニャでは、アクター間の相互作用の構築や度重なる交渉が求められてきたが、その経緯で都市計画制度あるいは行政組織と地域社会との間を取りまとめていくための手段が生まれた。このうち、「クアルティエレ・ラボラトリ（Neibourhood Labortories）」（Allegrini & Paltrinieri 2018；Massari 2020）[(i)]は、都市行政と地域社会の交流の場所として、ボローニャの特定地域を対象に現状の改善を目的としたアクター間の安定的な協働プロセスを活性化する役割を果たしてきた。クアルティエレ・ラボラトリは、数多くの幅広いテーマを持った戦略的枠組みを定めてきただけでなく、計画に関するテーマの洞察やその評価手法の双方を刷新し、これらの動きをつねにモニタリングするシステムを生み出した。つまり、都市は不確実性に晒されながらつねに進化し続けているため、都市計画を更新していくメカニズムそのものが想定外のダイナミクスを含むことになる。こうした観点から、都市計画の策定過程は、参加プロセスから多大な貢献を受けている。つまり、計画を策定する過程で行政は、クアルティエレ・ラボラトリで計画案を提示し、代替案が必要となった場合には計画の範囲を拡大するなどの変更を加えることができる。偶発的な課題への解決策の提示を計画策定プロセスに統合していくことにより、解の幅を広げることもでき

訳注（h） 第2章で紹介した都市公共財の共同管理や市民参加型予算の作成を指す。

訳注（i） オリジナル原稿では英語で明記されていたが、イタリア語ではクアルティエレ・ラボラトリであるためそのように表記した。クアルティエレ・ラボラトリの役割については第2章参照。

る。クアルティエレ・ラボラトリのような媒介の場所は、計画策定においてすでに独立した一つの役割を構成しており、他の意思決定過程や実践活動においても同じ仕組みを使用することができる。これは、計画がオープンプランとして策定されていること（Sennett 2017, 2018）を示しており、ソーシャル・イノベーションはそのなかで、補完的役割を果たしている。すなわち、ここでは、計画策定は複雑で予測不可能な状況のなかで策定されるものであり（Watson 2018）、もはや明確で合理的な空間では策定されていないという仮説を提示することができる。ある要素に新たな要素を加えることで、その成果は、媒介の場所を通じて共同制作された複数の異なる計画へと展開していく可能性がある（Massari 2020；Orioli & Massari 2020）。

都市計画に対する伝統的な解釈やその分類に反して、媒介の場所の論理では、計画は単一の要件のみに基づいては線引きすることはできず、むしろ変数と定数の集まりとして描かれることになる。こうした活動が行われる場所は、今後の都市発展において重要な結節点としての役割を担い、無限の可能性に対して開かれたものとなっている。本章では、ボローニャを検討対象として位置づけながら場所の議論を展開しているが、それはこの都市が、制度的あるいは組織的な手段と、また別の異なる手段の両者によって育成された「近接性のメカニズム」を通じて[j]、場所を重視しながら人々が連帯する都市としての伝統に依拠して、様々な問題に挑んできたからである。

相互作用を創出する媒介の場所とその分類

ボローニャに点在する媒介の場所を、活動やツール等に確認されるその特徴的なアプローチから、「都市生活ラボ（Urban Living Labs）」、「イノベーション・ハブ（Innovation hubs）」、「コミュニティ・ハブ（Community HUBs）」、「政策ラボ（Policy Labs）」の四つのカテゴリーに分類することができる。

ソーシャル・イノベーションは、すべての人の目標となり創造性を生み出

訳注（j）“contiguity mecchanisms” 近接性の問題については、序章参照。

しているようにみえるが、共創（co-creation）は未だ規制された領域にある。一方で、マルチスケールの空間では様々なガバナンスによって管理された様々な交流が形成されている。こうした動きを推進するアクターも多様であり、いくつかの場所は自治体政策に深く組み込まれており、また、民間の支援に依存している場所もある。さらに、それぞれが生み出す成果も様々であり、製品／サービス志向のものもあれば、新規ビジネスや政策の獲得を成果とするものもある。これらのアウトプットは住民を対象に行われ、また、建物、あるいは都市の一部や都市のなかで実現され、多くの場合、ネットワークやプラットフォームを生み出している。

まず、都市生活ラボは、ビジネスのためのリサーチ・アプローチとして生まれたもので、ラボで発展したツールを用いてサービス、プロジェクト、プロトタイプといった形式で提案される解決策を実際の環境で確認する。都市生活ラボでは、公民のパートナーシップ（Bergvall-Kåreborn et al. 2015）の重要性が強調され、都市に具体的な影響をもたらす動きを生み出すために、企業、大学、公共団体と市民社会による連携した活動が行われている。ボローニャでは、こうした連携モデルを大学エリア内に設置し、「U ラボ（U-Lab)」として運用を行っている。このラボは、現在、コミュニティベースで都市のアクセシビリティという問題に取り組んでいる。つまり、アクセシビリティを向上させるトラムなどの交通機関等を歴史地区内に建設すると都市構造を変容させる等の課題が生じるため、むしろ個々人の行動様式を刷新するという点に重点を置く必要がある。したがって、ユーザー、すなわち多様な市民によるアプローチは、共創、実験、評価といった体系的な検討を経て実施され、学習を通じて一定の成果を獲得する。

都市コミュニティが抱える問題や課題を共有し、相互作用を想定して取り組むために、交流のための場所を構想するという企ては以前から行われていた。その長年の取り組みの間に証明されてきているように、歴史地区では居住者が物理的に隣接しているため、交流の場所の構築という構想は一つの成功モデルとなった。その成果として生まれた場所は、異なるアクターの間の直接的な関係を回復し、複数の実践を可能とし、また、多様な利害関係者や政策立案に関わる人々が構造的な変化に対する様々な視点を持ちながらも長期的なビジョンでの活動を可能としている。このような理論から、政策ラボの定義は主に公的機関が推進する媒介の場所で適用されている。政策ラボの主な目的は、都市政策に用いられる新しい協定内容について共同で議論し合意することである。ボローニャでは、この分野の仲介的な役割は都市イノベーション財団によって担われている[(k)]。この組織は、複数の資源やツール（スキル、データ、研修、空間）を用いて、住民、公的機関、団体、公共に関わる様々な代表者の間での相互作用を促している。また、この組織は、地域の当事者、自治体および欧州レベルの機関との間の仲介役として、コムーネの一部として機能している。都市イノベーション財団の役割は二つある。一つは、多様な都市的課題に取組み、公共サービスを実現させるための「アクセスポイント」（Allegrini & Paltrinieri 2018）であること、もう一つは、気候変動による都市への影響や資源の乱獲、住宅問題、エネルギー不足、移民問題、幅広いセクターでの市民アクターの活動促進など、今日的課題に取り組むための世界モデルに関わることである。

また、コミュニティ・ハブは、最近広く使われるようになった名称（Calvaresi & Lazzarino 2018）で、そこでは公開性や包摂といった原則に基づき、人々が利用する空間や社会基盤再生のための取り組みが行われる。コミュニティ・ハブは媒介の場所としての役割を伴うことで、地域社会が直接生み出してきた特定の場所の価値を回復させ、再循環させ、刷新するプロセスを担う（Zandonai & Venturi 2019）。このプロセスは、都市計画や都市政策の主題にある程度の影響を与えるところにまで成長していると考えられる（Massari 2020）。ボローニャでは、コミュニティセンターとしてのモンタナーリセンター（Centro Montanari）のような古くから活動してきたものや、インスタービレ・ポルタッツァ（Instabile Portazza）のようなより新しく革新的なものまで[(l)]、様々な場所がコミュニティ・ハブとしての役割を担ってい

訳注（k）　第２章を参照。
訳注（l）　インスタービレ・ポルタッツァについてはColumn（３）を参照。

表１：中間的な場所の４類型：都市生活ラボ、政策ラボ、コミュニティハブ、イノベーションハブ

都市生活ラボ	
説明	サービス、製品、社会基盤の開発における共創プロセスのための開かれたイノベーションの場所
性質	公共／公民協働
アウトプット	ソーシャル・イノベーション、学習の共有、新サービス、新製品、新ビジネス、新技術
活動	実験、共創、情報の共有、反復
参加者	公共（事業者）、企業（活用者）、情報教育機関（提供者）、市民（利用者）
ハブの種類	中心部、クアルティエレ、バーチャルプラットフォーム、ネットワーク
職業	起業家、社会的企業
政策ラボ	
説明	共通の問題に対する解決策を共同設計し、共通のニーズ、関心、期待を満たすために有用な公共の交流の場所
性質	公共
アウトプット	ソーシャル・イノベーション、市民参加プロセス、新政策
活動	利用者中心の設計、共創、政策の評価
参加者	公共（事業者）：自治体／政府機関・大学、市民（利用者）、第３セクター
ハブの種類	オフィス、中心部、バーチャルプラットフォーム
職業	社会的企業
コミュニティハブ	
説明	社会的影響の大きい活動とともに、公共福祉サービスを提供するサービス機構
性質	社会的な民間企業
アウトプット	ソーシャル・イノベーション、市民へ権限付与、市民参加プロセス
活動	共創、分野特有の活動
参加者	民間（事業者）、企業（活用者／支援者）、市民（利用者）、第３セクター
ハブの種類	オフィス、中心部
職業	社会的企業、起業家、文化機関、福祉事業
イノベーションハブ	
説明	実験だけでなく、新しい製品、サービス、組織モデルを生み出すことができるラボ
性質	民間／官民共同
アウトプット	ソーシャル・イノベーション、学習の共有、新サービス、新製品、新ビジネス、新技術
活動	共創、マルチセクターの活動、情報の共有、プロトタイピング（試作）
参加者	民間、企業（事業者）、市民（利用者）
ハブの種類	オフィス、中心部
職業	起業家、企業

プロセス

共同学習の方法の提案
制度的学習の促進
データの公開
より長期的な持続可能性の確保
公的な研究開発の増加
アプローチの反復強化

ネットワーク

公益の増加促進
適法化を保証
地域と世界のつながりを深める
多様な規模での拡張
公共性の多元化
参加の拡大
再現性の高さを強調

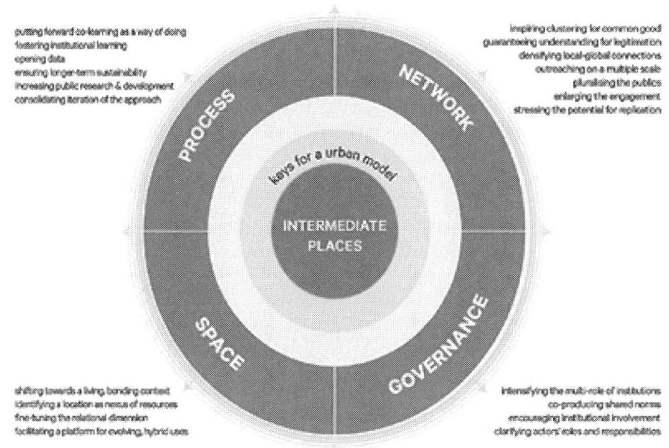

スペース

生き生きとした
絆のある暮らしへの移行
資源の中核となる場所の特定
関連場所の微調整
進化したハイブリッドな利用を
進めるプラットフォームの整備

ガバナンス

制度の多様な役割を強化
共有する基準を共同で作成
制度的な関わりを促進
当事者の役割と責任の明確化

図１：状況的、経路依存的、分野横断的ボローニャモデルの要点

筆者作成

る。モンタナーリセンターは、かつての社会センターを発展させたもので、その特徴は、高齢者だけでなく子供や若者をエスニックグループにかかわらず迎え入れ、孤独や疎外感を緩和するために社会生活（public life）への参加を促すような友好的な枠組みを構築しようとしている。このコンセプトは、コモンハウス（住民が共有する場所）を社会サービス提供の場として位置づけたインスタービレ・ポルタッツァの取り組みから刺激を受けたものである。ここで行われる活動は、住民やプロジェクトパートナーを巻き込みながら社会関係を自律的に回復していくという考え方に基づくもので、人と人、人と場所の相互関係を構築する過程でプロジェクトやその管理モデルを深化させ、新たに定義していく役割を果たしている。

最後に、イノベーション・ハブは、参加者の創造的、革新的な潜在能力を引き出すことで、都市の課題や社会問題に取組むことを目的としている。プロモーター（個人、財団、社会的企業）の目的は、社会技術的な実験を促進し（Manzini & Staszowski 2013）、社会的・技術的なイノベーションを刺激することにある。このように保護された空間の中でうまく調整していくことで、現行のパラダイムに影響を与え、新しいモデルが生まれる可能性を開く。このカテゴリーには、ファブラボ（Fab labs）、インキュベータ（Incubators）、ハッカースペース（Hackerspaces）が含まれ、それぞれ社会的影響力を持っている。これらの影響力は、プロモーターの「共同で行動する」ことから派生したものである。このカテゴリーは、ソーシャル・イノベーションと組織的プランニングとの間の関係強化を目的とするが、地域政策においては見落とされがちである。しかし、ボローニャのオピフィチオ・ゴリネッリ（Opificio Golinelli）（同名の財団から名辞）は、補完的な立場から多くの組織と連携することによって、若い世代のために情報と芸術や文化とを融合させた教育を推進する組織へと移行し、イノベーション・ハブの良い事例を生み出した。この活動の主要な目標は、イノベーション・ハブの地域ネットワークを開拓することにあり、グローバルな視点と地域に根差した活動を融合させることである。

計画と実践の間の結節点としての場所

ボローニャの現状を概観すると、ソーシャル・イノベーションのプロセスは、住民の要望に基づいて企画され取り組まれる傾向が認められる。ボローニャのコムーネ域は、様々な形態を持つ媒介の場所の集まりとして構成されており、多くのコンタクトポイントを持っている。そのなかで媒介の場所は、互いに連携し機能するケースもあれば、まだその役割が充分に認識されていないケース、あるいは最終的なターゲットやミッションが異なるために互いに影響を与えることができないケースもある。ボローニャでの観察結果と媒介の場所の分類から、一つの都市計画モデルを構築するうえで以下のような横断的基準が明らかとなる。

・緊密で開かれたネットワーク
・多次元的に発生する空間
・相互作用のある実験的なプロセス
・混成的で多核的なガバナンス

ネットワークとは、多くのつながりや関係性を意味し、場所の内部や都市周辺に内在するものであると同時に、グローバルで仮想的な文脈の一部でもある。経済・金融、技術、社会、制度、さらには空間的なイノベーションは、こうしたレベルの異なる多様な内外のネットワークの構築によって活性化されている。ネットワークは、地域間の連携から地域と世界との関係を通じて縦横に活動するネットワークへと展開し、情報の循環や拡散を生み出す。地域連携を強化しておけば、拡散作用によるネットワークの拡大を通じて、高度に特化された企業活動レベルでの連携を生み出す可能性もある。こうしたなかで、媒介の場所は、地域、都市、国、グローバルといった多様なレベルの情報化を進めるデバイスを意味することになる。この仕組みは、「近代化によって引き起こされた矛盾する動き、すなわち一方では地域に立脚し、もう一方ではグローバル化する二つの動き」（Latour 2018）を効果的に機能させることにつながる。背景としての広がりを考慮すれば、媒介の場所は、特定地域に関連するものであると同時により広い規模やテーマへと開かれたものへと展開していくものである。公共財を管理する必要性や公共性の領域の拡大あるいはその多元化は、媒介の場所それ自体の相互関係や媒介の場所と都市の関係を緊密なものにしてくことを要請しており、様々なスケールや方法におけるアウトリーチも求められている。克服すべき重要な課題や障壁を体系的に特定しながら、地域と世界をつなぐ緊密で開かれたネットワークを構築していくことにより、新たな関係にも対応しうるグローバルモデルを視野に含めながら、地域的な解決策をみつけることができる。

媒介の場所で実行される活動のプロセスは、イノベーションの規模を拡大するだけでなく、これを社会に浸透させていく必要がある。最初は、ある場所や地域の規模に応じた効果を得ることになり、その後ネットワークを利用して都市や大都市圏に規模を拡大しながら影響を拡大させていくことができるだろう。したがってこのプロセスは網目状の段階的な構造を示すことになり、戦略的意図や相互関係等の様々な要因が複雑に絡み合うことを通じて個人の意思を超えた共同性を示すことになる。こうした動きは、新しい知識を創出することで都市の課題に関しても、現行の解決策に代わる選択肢を生み出す可能性が高い。しかし、失敗の可能性も伴うため、そこで得られたデータや情報は多くの組織によって共有され、媒介の場所が推進する共同の学習プロセスに取り込まれていく必要がある。つまり、媒介の場所を通じた長期的で持続可能な方法論を確立し、そこで創出された知識や情報を失わないことが重要である。こうした一連のシステムに対し、都市行政がオブザーバーとして、制度設計における橋渡し役をより強力に果たしていくためには、現在のところ情報量や資源の蓄積能力が不足しているようにみえる。事実、今回ボローニャを対象に検討を行った場所のほとんどでは既存の評価方法を用いていないために、成果や失敗を記録することができずに多くの情報を他の組織との間で共有することができていない。媒介の場所で実施される多様なプロセスでは、与えられた状況での資源や能力あるいは制約を考慮しながら、課題に対して解決策となりうる方策を模索する必要があるため、失敗や方向転換、予期せぬ結果も含めて検討することが求められる。また、これまでの課題に応じて作り上げたプロセスを変化させていくことが必要であるが、変化の方向性や構造、アプローチは静的モデルをたどるのではなく、ダイナミックに変化することが想定される。

本検討から得られた成果として、媒介の場所ではバウンダリースパナー（境界連結者）がコーディネート能力を高め、その社会的な役割を強化しているという点が重要である。都市空間は実際、関係や絆だけでなく、問題や対立、交渉によって形づくられ、またはそれらを生み出す地域の原動力あるいは公開の場として機能する。この場合、都市空間そのものが、仲介的な役割を果たし、地域レベルにおいてある適性を維持しながら、社会的、文化的な結束（Zandonai & Venturi 2019）を刷新していく。また、一方では異なるレベルでの取り組みを始動させ、異なる手段や言語を通じた伝達・翻訳を用いながら、そのなかで生み出された価値を異なる方向へと導いている。こうした都市空間には、問題解決（組織や制度）と問題発見（地域社会）の間をつなぐ境界面としての意味があり、そこでは長期展望に向けて、ともに進化するビジョンと戦略が統合的に管理されている。こうした都市空間は、プログラミングやプランニングの論理から外れた、暫定的、突発的で友好的な出会いをサポートしているのである（Amin & Thrift 2002）。

都市空間は、アイデンティティの共有を表すこともあれば、ある文化的、時間的領域に境界線を引き、その領域を排他的にする危険性も持ち合わせている。こうした事態を避けるためには、空間は限られた箱ではなく、ダイナミクス、多様性、相互接続性を受け入れる「無限」のフレームでなければならない。このフレームは、共有領域をともに作り上げるための新たな枠組みであり、つねに不完全な構造要素を通じて社会的に生み出され、社会に応じて変化していくものである（Sennett 2017）。ダイナミックで生き生きとした未完成の都市空間を、いかにシンプルかつフレキシブルに運用していくのかという点が課題である。こうした様々な空間の運用が可能であれば、都市空間は我々の結びつきを生み出す動力源としてその可能性を高めることができるだろう。

媒介の場所にみられる空間の多重性と多様性に対して、同じようにダイナミックに変化する構造を持ったマルチ・レベル・ガバナンスが明確に合致していくことが望ましい。検討を行った四つの類型では、複数のステークホルダーによる協働を典型的なパターンとして示したが、これらは公共、民間、社会的アクターが混在する状態を表している。そこにはガバナンスの重要な役割として、媒介の場所をどのように配置するのかという調整、その検証、また生産されたものの評価および活用が含まれる。媒介の場所の多くは、誰と協力すべきかを選択的に決定するため、協同組合等の従来型中間組織のみを用いると排除を生む場合がある。その結果、都市に散在する地域意識の強いネットワークを生み出し、個人主義やさらなる分断の原因を作る可能性もある。しかし、ガバナンス当事者の相互依存や自立性、公民の話し合いが生み出す水平的な関係性は、公民の協働からさらに、その柔軟な調整へ、パートナーシップという主題へと拡大しており、これは一般的な市民参加から公共サービスの外部化へといった一般的なロジックとは異なるものである(Zandonai & Venturi 2019)。

媒介の場所におけるガバナンスの枠組みは、公的機関の当事者が積極的に権限を解放し、同時にプロセスに関与しながら、循環型の協働を育成することで形成される。ガバナンスにおける公民協働の柔軟性とその程度は、個別の事柄に対応して決定され、より私的な取り決めやより公的な枠組み、あるいはこれらが混在する場合がある。ガバナンス環境には、それぞれリスクや曖昧さが潜んでおり、私的に傾けば共通認識や正当性が低下して無視され、公的に傾けば、政治課題や官僚組織に強い結びつきが生じる可能性がある。多極的かつ分散的で混成型のガバナンスは、現在最も効果的な妥協点であるように思われるが、これには公的機関の各部局の意図が明確に示されていることとともに、透明性を持った関与のルールが必要である。実際、イノベーションの可能性を損なわず、それぞれのアクターが本来の役割を果たしながら明確でダイナミックな動きを創出するためには、異なる当事者間の関係構築に対する直接的な公的支援が不可欠である。ボローニャの場合、住民の積極的な参加は、サービスの提供や都市の変化に参加する人々のネットワークを拡大している。媒介の場所は、このように、資源、サービス、都市の変化という観点から重要な結果を生み出す可能性があるが、公的支援が行われないと影響の少ない領域にとどまる傾向がある。

本章が示した枠組みは、ソーシャル・イノベーションの実践と都市計画の間のギャップに対して両者の橋渡しとなる「媒介の場所」を用い、そこで行われる多様なアクターの議論に基づいて実証的な解を提供するという可能性を示したものである。こうした観点から、媒介の場所は新たな秩序を再定義する場となり、都市の多様なアクターの間の対話やキャパシティ・ビルディングに貢献すると考えられる。また、媒介の場所は、特定の文脈に関連するものであるが、広範な意図を持った枠組みやグローバルモデルにも開かれたものである。媒介の場所の形成を通じてボローニャの地図はより豊かになり、そこで策定された長期的な都市戦略に基づき、転換あるいは拡大しながら新しいビジョンを展開していくことができる。このビジョンに基づけば、アクターと場所の間の関連性や相互作用は、新たな協働型企業（collective enterprise）等を生み出し発展させていく可能性もある。

生きた歴史の復活——ボローニャの媒介の場所の理論

本章が示した媒介の場所という概念により、伝統的な協力体制を基盤に社会活動を進めるボローニャは、豊かな活動基盤を持つことがわかる。ここでは、地方分権化政策とともに発展した、住民センター、クアルティエレ、クアルティエレ・ラボラトリなどが機能する。背景となる制度的、組織的な遺産は、過去の政権によって生み出され維持されてきたものではあるが、現在ではソーシャル・イノベーションに挑戦するための土台づくりに貢献するものとなっている。さらにボローニャの場合、過去の遺産が途切れなく刷新されている点も特徴である（たとえば、発展的に重要性を増すクアルティエレ・ラボラトリのほかに、かつての住民センターは、現在はコミュニティ・ハブとなり、アーバンセンターは政策ラボへと展開した）。

以上の問題をボローニャの文脈に即してみると、媒介の場所は、都市発展の新しい可能性として開かれており、行政区域を越えたモデルを生み出すことが想定される。媒介の場所は、歴史的な構造に埋め込まれ、また、生きた遺産として新たな歴史を生み出し続けている。媒介の場所は、社会変容プロセスの中核に位置し、社会的観点から都市というものを観察する場所になりうる。媒介の場所で試みられる挑戦は地域に根差しており、同時に、国境を越えたモデルや情報に対してオープンであるようにみえる。したがって、媒介の場所は、地域と世界の間を常に行き来する仲介者でもある。

（翻訳協力：株式会社 E.C.　岩渕亜希子）

Column（3）インスタービレ・ポルタッツァ

インスタービレ・ポルタッツァ（Instabile Portazza）

マッサーリの論稿でコミュニティ・ハブの一つとして機能しているとされるインスタービレ・ポルタッツァについて、2022年5月3日に、この場所に関わる建築家のひとりルーカ・ヴァンディーニ（Luca Vandini）氏の同行により現地を訪問した。都市内分権の観点からは、サヴェーナ地内にあり、様々なクアルティエレ・ラボラトリが運営されている。

現在、ここでは住民を中心に建造物の共同管理や再生が進められている。対象となる建造物はかつての公営住宅公団内にあり、現在はエミリア・ロマーニャ州の2001年8月8日州法第24号によって設立された、建築、都市計画を取り扱う公社 Acer（l'Asienza Casa Emilia-Romagna della Provincia di Bologna）の所有である。ボローニャ都市イノベーション計画のなかに、クアルティエレを通じて住民が参加し、都市再生を実践する対象（建造物、場所）として紹介された23物件のうちの一つであり、行政主導で実施が予定される大規模な都市再生プロジェクト（17ヵ所）には含まれていない。

都市再生の対象となる建物は、合理主義建築の最後の時期に属するボローニャを代表する建築家のひとり、フランチェスコ・サンティーニ（Francesco Santini: 1904-1976）によるデザインである（写真1）。1962年に、当時実施されていた戦後の国による住宅政策を通じて策定された Ina-Casa 計画の一つポルアッツァ集落計画（Villaggio Portazza）として建設された公営住宅地の一角にある[1]、かつての住民センターである[2]。その後、1984年まで学校として使用されていた（Paltrinieri, Allegrini, 2021: 109）。Ina-Casa 計画は当時、近隣住区の形成を意図しており、住民センターは社会活動を実施するうえで不可欠な設備であった。計画地は、建設当時は歴史地区から分離し、島のよ

1） Ina-Casa 計画については Columm（4）を参照。

2） Instabile Portazza, https://www.Instabileportazza.it/ledificio-e-larchitetto/

うに孤立していたが（写真２）、現在ではボローニャ市街地の拡大に伴い新たな中心市街地の一部となっている。同じ形態の建造物が位置をずらして配置されており、建物の入口部分には庭が、２階には台所と居間のほか二つの部屋と二つの洗面トイレがある。また、広場には文化施設が整備され、共同的なコミュニティの形成が目的とされていたことがわかる。1970年代に歴史地区の再利用が具体的に開始した時期には、これらの建物は新築に近い状態であり、保全対象として位置づけられることはなかった。しかし、現在の都市政策では文化遺産として認識され、この時期の建造物を修復し再利用していくことは都市再生における課題の一つとなっている。

＊

旧住民センターの修復については、当初、ソーシャル・ストリートと呼ばれる住民活動やその他の住民活動グループが独自の保存活動を展開していた。ソーシャル・ストリートとは、2013年にFacebook「ボローニャ：フォンダッツァ通りの住人（Residenti in Via Fondazza）」に参加する組織が、脆弱化した社会的関係を再編するために構築したものである[3)]。このうち建築家のグループは専門的な知識を活かし、居住地のなかの街路を用いて社会的な関係を取り戻す活動としての様々なイベントを実践した。これらの実験的な試みを進めていた複数のグループ（Associazione Pro.Muovo, Associazione Architetti di Strada）は、企業等の支援を受けるようになり、クアルティエレとも連携するようになった。その後、住民参加による公共財の管理に関する規則が制定され、専門家グループは広く地域の住民を巻き込み、共同設計、共同デザインを展開していく活動が６ヵ月程度継続するなかで、200人あまりの住民や30の組織が関与してこの建築の将来的な活用手法ついての検討が始まり、その結果、この場所をコミュニティ・クリエイティブ・ハブとして位置づけるようになった。

3） cf. Social Street: http://www.socialstreet.it/; http://www.socialstreet.it/social-steet/; 井本恭子（2020）

2022年5月3日　ヴァンディーニ氏による説明

調査を行った場所は、ボローニャ中心広場から南西部にあり（バスで30分程度）、前掲のとおり1960年代のIna-Casa計画を通じて建設された住宅地の一角にある。この場所につけられた「インスタービレ・ポルタッツァ（Instabile Portazza）」という名前は、建造物の不安定感をイメージさせるいくつかの言葉が複合化したものである。住宅地自体は荒れた要素はないが、30年間放置されていたという対象となる建物内部は荒廃し、廃墟のような状態となっている。現在、この建造物は修復の途中にあり、１ヵ月に２回、すべての日曜日に20人くらいの人たちが集まって修復活動を行っているという。修復中の建物には、広場に面して赤い鉄扉がある。鉄扉の近くにはこの街区を活用する人たちが作ったフリースペースとしての本棚がある（写真３）。貴重な本が置かれているわけではないが、勝手に本を持参し、持ち帰る本の再利用の仕組みである。

ボランティアの建築家集団は、2015年に初めてこの建物に入った。学校としても用いられていた建物は、修復可能な建造物ストックとして認識されていたが、一部はひどく傷み雨漏りもあった。ヴァンディーニ氏の話では、こうした状態がインスタービレ・ポルタッツァという表現に結びついたという。当初は、自発的に開始された活動であったが、その後、それぞれのアクターは組織化され、外部資金を導入することによって資材等が購入できるようになった。このほかにも社会活動を支援している協働組合やその他のネットワーク組織などからも資金を獲得し、これらを用いてこの活動拠点の水代・電気代などが支払われている。ヴァンディーニ氏によれば、１万ユーロあまりの支援を受けたものの、作業は手作業で少しずつ進めているため、１年で使い切ることができずに、2500ユーロずつ４回（４期）に分けて支援を受け取る形にした。より広く市民に建物のなかを知ってもらうため、Googleストリートビューで内部までみることができるようになっている。まずはトイレ、それから台所の改造が始まり、小部屋などの一部は使用できるようになった（写真４）。建築家が関わっているために、修復と同時にインテリアにも工夫がなされている。実際、このかなり傷んだコンクリート建造物に対

写真１：Arch. F.Santini, Archivio Acer Bologna 所蔵

写真２：Archivio Acer Bologna 所蔵

写真３：フリースペースの本棚

写真４：改装について説明する Luca Vandini 氏

写真５：内部（未使用部分）

写真６：中庭

写真７：内部

写真８：参加者の情報

する修復には技術的なチャレンジを行うという意味もあったが、最も広い空間は危険すぎるために住民活動としての修復では対応していない（写真５）。

建物から広場に出る入り口付近には、プラスチック製の椅子が保管されているが、これは毎週金曜日に開催される野菜マーケットで使用されているもので、2017年以後、マーケットは別の組織が運営しているとのことであった。

広場とは別に、この建物には中庭がある（写真６）。中庭に隣接したホールは使用可能な状態にまで修復されており、リサイクル素材の座布団や木製家具等が置かれている。コロナ禍以前には、ここで、クラシックやロックのコンサート、映画上映会が実施されていた。イタリア国内で建築を学習する学生を招待し、３日間のワークショップを通じて中庭を修復したとのことである。ここでもミニコンサートなどが開催されている。

＊

インスタービレ・ポルタッツァの活動には、もう一つの拠点がある。先に見学した建物と直角の位置に立つアパートメントの１階にある建物で、1980年代まではある政党のオフィスとして使われていた。現在は、活動拠点の一つとなっている。ここは、通常の活動、ヨガ教室や子供の集まりなどに使われており、手づくりの階段によって中２階のような空間が作られている。このため、他の空間と比較すると、こぢんまりした住宅のイメージがある。この２階部のうち椅子が並べられた廊下は、人がすれ違うのもギリギリの狭いスペースであるが（写真７）、壁には年ごとにテーマを設けて作成した活動を表すポスターが張られ、このうちの一つには、「家から外に出て庭に行こう」というコピーが書かれていた。コロナ禍前に一度だけ行われたコンサートでは、３人のアーティストが歌い、メインホールで多くの人が鑑賞したとのことである[4)]。中庭に対して部屋の完成はコロナ禍の直前であったことか

4） Instabile Portazza - Community Creative Hub - Lo Yeti in Concerto a #Instabile per #BolognaEstate2018 | Facebook

ら、現在まで多くは活用できていない。その後は、ロックダウンや厳しい感染予防措置が図られたため、室内ではなく、つねに中庭を用いた活動が続けられた。

＊

この拠点の出入り口に近い壁には、ロープが張り渡され、人々の写真が掲示された一角がある（写真８）。インスタービレ・ポルタッツァに参加するメンバーの写真だということであった。顔写真のほか、愛称や現在の仕事、今後、学んでいきたいことなどが書かれている。活動に参加する世代は、だいたい25歳から60歳ぐらいまでである。また、日常的なヨガ教室などの参加者には近隣の人が多いが、コンサートなどを開催するとボローニャ市内の広い範囲からの参加がある。また、中庭のデッキづくりのときには、イタリア国内様々な地域から参加があった。こうした活動の情報提供は、多くの場合Facebookである。Facebookは中年以上がメインユーザーになるため、より若い世代にはインスタグラムも使っているが、既存のネットワークを用いてそこから拡大する方法となっている。参加者は当初は10名ぐらいから開始したが、最大で300人あまりが参加したケースもある。

ヴァンディーニ氏は、インタビューの最後に、こうした活動を続けるなかでコミュニティ形成に対する実感があり、コミュニティを作っていくその過程自体がおもしろいと説明している。

市民・建築家ボランティア・Acerなどによる協定とその内容

クアルティエレ・ラボラトリでの活動に関しては、1950年代に建設された集合住宅とその周辺の衰退した２区画を対象に、修復にあたる建築家集団や住民グループと活動団体（ProMuovoほか）、建物の管理者としてのAcer Bologna[5)]やコムーネが二つの協定を締結している。いずれも今回の視察地を対象としたものである。公民協働を目的とした協定制度は、ボローニャで

5） 建物の所有者はコムーネである。

初めて導入された。

2015年に締結された最初の協働協定は、一般の住民による再利用が危険と判断される旧住民センター（学校）の建物を対象としたものであった。このため、協定の内容も活動を実施するうえでの禁止事項が中心となり、それ以外はコムーネによる広報活動や資材の提供等などに関する記載となっている。協定をみるかぎり、許認可に関する問題が重視され、コムーネ、社会住宅管理組織の権限が大きいことがわかる。一方で、2019年に新たに締結され、現在では再利用がかなり進んでいる中庭やポスターのある建物を対象としたもう一つの協働協定[6)]は、共同設計を進めるための活動内容や方法を強調した協定となっている。たとえば、協働活動を実施する住民として、25～30歳の青年層と家族、高齢者を重視することや、建設事業に関する一部の作業には専門的な知識が必要であること、広報あるいは参加者間のコミュニケーション手段として、一般にはメールやソーシャルメディアを用いるが、クアルティエレ内では紙資料を配布する必要もあることなどが細かく記載されている。また、協働協定や取り組み内容は公開を原則とし、互恵性を重視したプロジェクトを実施していくことで参加範囲を拡大することなども強調されている。活動は、内容によってはあらかじめの登録が必要であるが、原則として自由参加で無料企画として合意されている。

この後者の協定では、コムーネおよび社会住宅管理組織による支援の内容は、広報活動のほかに、最大3487ユーロの活動資金となっている。ヴァンディーニ氏に現在の協定内容に関して変更を希望したい内容があるとすれば何かと尋ねたところ、資金の支給時期であると指摘している。活動資金は通常、事業終了後に助成されているが、活動開始前に配分されるほうが利用しやすい。

インスタービレ・ポルタッツァの場合、建物と広場に対して複数の協定が、コムーネを含む関係者の間で締結されている。協定締結までは、FIU

6） Comune di Bologna. Cittadinanza Attiva per i beni comuni Relazione. http://partecipa.comune.bologna.it/sites/comunita/files/allegati_blog/1.patto_2019_relazione.pdf

のテデスキ氏がクアルティエレを通じて連携体制の構築に深く関わっている。ここでは荒廃した近代建築という対象と、その価値を理解して保全を進める建築家集団という、核になる対象と組織との関係があり、そこからの波及によって住民を巻き込む形が生み出された。この周辺は Ina-Casa 計画に基づく集合住宅群によって構成されているが、インスタービレ・ポルタッツァの活動は、集合住宅の範囲に収まらず、コムーネ域全域あるいはそれ以上に拡大する傾向をみせている。また、「都市公共財の管理」という表現とは異なり、実際の現場では、近代建築を用いて住民等がネットワークを作り創造的な活動が実践、運営されている点が特徴である。

第5章

居住環境の再生と社会住宅

ボローニャの社会住宅、マルヴァジア通り公営住宅における住民参加の経験

ボローニャ大学建築学部教授
ボローニャ（コムーネ）モビリティ、公共空間、
グリーンフットプリントプロジェクト、都市公園局長
　ヴァレンティーナ・オリオーリ（Valentina Orioli）
ボローニャ（コムーネ）住宅政策課長
　マルコ・グゥエルツォーニ（Marco Guerzoni）
ボローニャ（コムーネ）住宅政策課
　シルビア・カラストリ（Silvia Calastri）

ボローニャ（コムーネ）の住宅需要

ボローニャは40万人あまりの人口を有し（これはイタリアで７番目の規模である）、55市町村から構成される大都市圏（人口100万）の中心に位置している。パンデミック以前の人口統計データ（2019年）によれば[1)]、社会的な人口増は自然動態による減少を補う状態にあり、雇用機会の提供という観点から10年間で新たに約１万9000人がボローニャに移り住んだと考えられる。そのうち３分の２はイタリア人である。

住宅需要の枠組みを把握するためには、ボローニャにおける人口動態の特徴を把握し、新たな住民だけでなく相当数の一時的な居住者がいることを考慮しておく必要がある。これらの一時的な居住者には学生や労働者だけでなく[2)]、全国的にもレベルの高い医療サービスを受けられるといったなどの理由で、地域外からボローニャに移住する人々が含まれている。

イタリア統計局（ISTAT）によると、前掲のような一時的な住民数は10万人あまりに上ることが推定されている。こうした人々を住民と合わせると、総人口は50万人を超えることになる。近年、既存の都市利用者に加えて観光客も急増しており、その数はパンデミック前までは１日５万人規模に達していた（Comune di Bologna 2021a)。ボローニャにとって観光は比較的新しい現象であるが、2008年から2018年の経済危機の時期には、観光収入は経済危機によるマイナス分を補い、経済成長を支える役割を果たした。観光客の多くはボローニャの文化に惹かれてやってくる外国人であるため、季節による数の変動は限定的である。観光需要にこたえるため、観光客の宿泊に対応するホテル以外の施設数は継続的に増加しており、観光用に使用されるア

＊　本章は大きく三つの内容に区分される。最初の、ボローニャ住宅政策の概要に関してオリオーリ、次に、具体的なプロジェクト内容に関してグエルツォーニ、最後に、参加の方法および内容に関してカラストリが分担執筆した。

１）http://inumeridibolognametropolitana.it/studi-e-ricerche/le-tendenze-demografiche-bologna-nel-2019

２）2018～19年時点でボローニャ大学は８万7758人の大学生がおり、このうち６万8091人がボローニャ（コムーネ）内にいると考えられる。他の学生は、フォルリ、チェゼーナ、リミニ、ラヴェンナのそれぞれのキャンパスを利用している。

パートや別荘の建設がブームとなっている。こうした観光客、学生、一時滞在者の存在によって短期賃貸住宅の需要は非常に安定しているものの、この需要は、就業の機会や質の高い生活の可能性に惹かれてボローニャを選んだ若者や家族の、賃貸・売買住宅に対する需要と競合するものともなっている。

社会住宅は、基本的に住民、労働者および学生のための住宅であり、その家賃や販売価格は公共セクターによってコントロールされている。ボローニャでは社会住宅に対する需要が大きいが、建築部門の経済危機に伴って対応は遅れているということができる。一方で、最も脆弱な層のニーズや社会的な変化に対応して多様化する住宅需要に応えるため、公共セクターが建設し、管理する公営住宅への要請にも継続的に対応する必要がある（Guerzoni 2021）。

ボローニャは、イタリアの都市のなかでも特に多くの公営住宅（約１万2000戸、人口の６％が居住）を有している。公営住宅の44％が1962年以前に、52％が1999年までに建設されており、そのほとんどが郊外部に集中している。これらのなかには「孤立した（島のような）」状況に置かれているものもあり、その多くは都市再生事業の対象とすべき段階にある。さらに最近では、郊外に新たな住宅を建設するニーズも高まっているということができる（Gentili, 2018；Maggio, 2018）。

多様な住宅需要に対して供給のバランスを保っていく必要性については、住宅困難に関連する公的組織[a]によって行われた「住宅問題に関する公開調査」[3]や、「学生の住宅状況に関する調査」（HousingBO[4]）、「公営住宅に関するプロトコル」（Mille case per Bologna）の策定を通じて前首長の在任期間（2016～21年）に明らかにされた[5]。社会住宅に関するイニシアチブは2019年に開始され、ボローニャの新たな都市計画を策定する経緯でさらに高まっていったということができる。こうした観点から、この新たな都市計画は、住

３） http://www.comune.bologna.it/archivio-notizie/istruttoria-pubblica-sul-disagio-abitativo
４） http://www.fondazioneinnovazioneurbana.it/progetto/housingbo
５） http://www.comune.bologna.it/media/files/mille_case_per_bologna_1.pdf
訳注（ａ） 住宅困難に関連した公的組織：Istruttoria pubblica sul disagio abitativo

宅分野における包摂の問題を、都市戦略に組み込む方向性を示すものとなった（Evangelisti 2021）。

ボローニャの新たな都市計画における都市再生と住宅政策

2018年６月にボローニャは、州の都市計画法（州法24/2017）に基づき、都市計画（Piano Urbanistico Generale）の策定を開始した。最初に公開討論が実施され、１年半を費やして練り上げられた計画案が2020年２月にボローニャの執行部（giunta）に提出された。計画案はここでいったん確認されたのちに２回目の公開討論が行われ、市民の意見を求めた上で2020年12月のコムーネ議会において採択され、2021年７月には最終的に承認された（Comune di Bologna 2021b）[6)]。ここに示した計画承認に関する時系列からも明らかなように、都市計画の策定はパンデミックとほぼ時を同じくして進められたということになる。健康上の緊急事態が生じたことで、ロックダウン下においても公開討論を実施するための新たな方法が模索され、パンデミックを機にボローニャの将来や計画そのものに関するより具体的な問題が検討されることになった。その間、パンデミックの影響を読み解きながらボローニャの発展について検討した観察記録「都市の再構築（R-innovare la città）」あるいは「ボローニャの再出発――コロナ禍の先にあるもの（“Bologna riparte. Oltre l’emergenza Coronavirus)」（Aa. Vv. 2020）[7)]が、都市イノベーション財団を通じて出版されている。これらの報告書は首長が任命した専門家グループによって作成され、2020年10月14日に公表されたものである。貧困、住宅、医療における不平等、デジタル・ディバイド、経済システムの自律性などは、パンデミックの第一段階においてすでに指摘されてはいたものの、都市の脆弱性が明確となった時点で再考の対象となった。また、危機的な状況を背景とした閉塞感やデジタル化の進展によって生活様式が変化し、新たなニーズ

６） http://dru.iperbole.bologna.it/piano-urbanistico-generale

７） https://www.fondazioneinnovazioneurbana.it/progetto/rinnovarelacitta-osservatorio

が生じている点などが明らかにされた。これらの課題のなかには、近接性の担保を進め、公衆衛生や地域福祉のための公共・民間サービスを身近な居住空間で受けられるようにするといった内容が含まれている。また、パンデミックによって浮き彫りになった様々な問題に対処していくために、都市計画の最終版では、都市・地域戦略を明確化する必要性が強調された。その主な目的は、都市の危機対応能力を高めて、再出発を促すために都市環境の質的な改善を図ることにある。

ボローニャの都市計画は、州の都市計画法に準じた戦略的計画としての意味合いを持っている。そこに示される革新的な特徴はイタリアの都市計画の伝統に沿ったものであり（Gabellini 2020）、すでに適用されている都市計画のツール、すなわち構造計画（Piano Strutturale Comunale）（2007）や都市計画建築基準（Regolamento Urbanistico Edilizio）および2015年から2016年にかけて実施された実施計画（Piani Operativi Comunali）の延長線上にも位置づけられるものとなっている[8)]。

都市計画ではまず、2007年に施行された先の都市計画が対象としていたボローニャの特徴と現在のそれとを比較し、都市の特徴的な傾向や取り組むべき問題点を批判的に見極めたうえで、ボローニャの将来像として「ボローニャは、ヨーロッパにある小規模なメトロポリスの中心に位置し、多様性に富み、持続可能でインクルーシブな都市として、企業、仕事、若者、家族等にとって魅力的な都市になることを目指す」ことを合意した。このビジョンに基づき、新たな都市計画では「レジリエンスと環境」、「居住と包摂」、「都市の魅力と仕事」の三つを、都市発展における将来的な目標として掲げた。

8）ボローニャ都市計画は、ヴィルジニオ・メーロラが市長の際に副市長兼都市計画、住宅、環境、歴史都市の保全と再生、気候変動問題と再生、世界遺産分野の局長であった本論稿の主著者であるヴァレンティーナ・オリオーリの担当であった。作成に携わった専門家は、役所内ではフランチェスコ・エヴァンジェリスティ（Francesco Evangelisti）、ミラノ工科大学よりパトリツィア・ガベッリーニ（Patrizia Gabellini）、ベルトランド・ボンファンティーニ（Bertrando Bonfantini）、チェチーリア・サイベーネ（Cecilia Saibene）カテリーナ・グフェッレル（Caterina Gfeller）。また、イタリア・アンビエンテ srl（Ambiente Italia srl）よりマリア・ベッリーニ（Maria Berrini）、ロレンツォ・ボーノ（Lorenzo Bono）。

これらは、国際レベルで共有されている目標（国連アジェンダ2030におけるSDGsや欧州グリーンディール）に沿った都市発展（環境、社会、経済）の統合的な視点を示すものとなっている。このように都市計画では、都市の将来像を表す主要な目標をいったん明確にしたうえで、都市としてだけでなく生態環境としての質を維持する戦略を明らかにし、これを実現するための具体的な行動計画を策定している。

新たな都市計画の目標と戦略は、全体として都市再生を基軸とするものになっており、その内容はボローニャにおいて実施される都市イノベーションという考え方を示している。最初の戦略「レジリエンスと環境」に関しては、「すでに開発された土地の再利用を促進し、新たな土地消費を抑制する」という目標が明確にされている。これは、都市の変容が及んでいない場所では既存の建築物を改装し再利用するといった内容を含み、また土地利用自体をも再利用し再生することを推進する考え方である。この観点からは、気候変動適応策として2015年に承認された「持続可能なエネルギーと気候変動に関する行動計画」(Piano d'azione per l'energia sostenibile ed il clima (Paesc) del Comune di Bologna) のほぼすべてが都市計画に反映され、地域の環境規制と都市計画建築規制が有機的に関連する内容となっている。また、「居住と包摂」に関する目標については、「家族、若者、学生に対して手頃な価格の住宅やサービスを提供することで人口を増やすとともに、仕事のための新しい空間を確保する」必要があるとしている。これは先にも述べたように、ボローニャを特徴づける住宅需要に応えようとするもので、住宅施策というよりもむしろパンデミックの経験から学んだ教訓として、近接性に基づく都市居住を確保するために、緑地、公共空間、公共施設、職場などをバランスよく配置する必要があるという認識に基づいている。

都市計画では、住宅政策に関して、賃貸住宅の供給を増やすことを優先しており、「都市再生プロジェクトの対象地域に10年間で6000戸の社会住宅を新たに建設する」という野心的な目標を掲げている。基本的に、民間業者による都市再生では、住宅総数の20〜30％が社会住宅になると予測しており、その大部分が賃貸住宅である。

社会住宅の定義に依拠し、都市計画では、既存の住民、新たな住民、一時滞在者など、多様なニーズに基づく居住タイプを複数に分けている。このため社会住宅には低家賃の学生向け宿泊施設のほか、ボローニャの現実に適応し居住者が所有権を共有する協同組合型住宅、あるいは住宅分野の刷新を進める共用住宅（co-housing）や高齢者用住宅（senior housing）といった住宅が含まれている[(b)]。こうした住宅プロジェクトを民間企業が促進する場合には、これらは公共サービスとみなされ、税制面での優遇を受けることができる。

公共セクターは、住宅へのアクセスを促進し、提供される住宅の質を高めるための各種政策に積極的に関与している。特に、住宅をめぐって、住民、学生、観光客間での競争が激しい歴史地区では短期賃貸住宅市場に介入し、住宅の分割や１階の住宅利用を規制している。必要な規制措置に加え、コムーネの担当部局では既成市街地内に都市再生として新たな公営住宅を建設するとともに、既存建物を公営住宅として再編する計画も進めている。この計画は、一連の中小規模の介入策として分割して実施されており、特定のニーズに対応した住宅を供給し、周辺地域の都市組織内にバランスよく住宅地を配置していくことを目的としたものである。こうした戦略は、市街地の拡張期に特徴的にみられたような、単一機能を果たす大規模な孤立した「島」に公営住宅を集中させていたかつての傾向とは対照をなすもので、都市再生を実施し、住民にとって魅力ある新しいサービスや要素を導入することによって、公営住宅地に地域コミュニティとしての「クアルティエレ」を実質的に誕生させるものである。公営住宅が密集している地域では、現状以上の住宅建設を禁じているため、代替案として様々な機能や新規のサービスを提供し、環境と住宅の質向上を同時に進めていくという方針である。

都市計画は、住宅というテーマに対して幅広いアプローチを提案している。都市行政当局が複合的な都市再生を実現するためには、新規の住宅建設

訳注（ｂ）　co-housing の取り組みについて英語で読める資料として cf. Guerzoni, M., Calastri, S. Cabré, E. Arrondo, M.（eds.）（2020）

と既存の住宅改修を中心に据えてプロジェクトを進めていく必要性を認識しているためである。

マルヴァジア通りにある「POPOLARISSIME」住宅地区

以上のような観点から、象徴的な意義を持ち、居住環境の関する都市再生の事例の一つがポポラリッシメ（Popolarissime）と呼ばれる住宅地区（以下、大衆住宅地区と明記する）の再生である[(c)]。この住宅地区は、サン・フェリーチェ門とポルタ・ラメ門の間の、ボローニャ旧城壁の北西端に位置し、マルヴァジア通り、ピエール・デ・クレシェンツィ、カサリーニおよびスカロの街路に挟まれた、クアドリラテロ（Quadrilatero：四角形の意味）と呼ばれる歴史地区から離れた一画に位置している。700人以上が居住する公営住宅であり[(d)]、広い共有の庭園（そこにはすでに廃虚となっている体育館もある）がある。この公営住宅は、1930年代後半に、ファショズム期に設立されたIFACP（Istituto Fascista Autonomo Case Popolari）によって、「大衆住宅地区」（Popolarissime）の建設という国家計画の一環として数多く建造されたものの一つである（Ramazza, 1982；Bernabei et al. 1984；Aa. Vv. 1996）（写真１）。2018年にエミリア・ロマーニャ州が公募した都市再生事業に関する競争的資金を用い、この街区を対象に都市再生が計画された（Regione Emilia-Romagna 2019）。州の都市計画法施行後に公示されたこの競争的資金は、法に基づく都市再生の事業申請を各都市に促すことを目的としており、州が一定の戦略に沿って一貫性のある実験的取り組みを提案していくうえで、コムーネが州の呼びかけに対応し実施が可能となったものである。ボローニャ

訳注（c）　ボローニャ図書館サラボルサによる説明に基づけば、ファシズム期に、低廉住宅の建設を目的とする“popolarissime”として類型化された住宅と、その建設を担う公社（Azienda delle Popolarissime）が設立された。したがってpopolarissimeという表現は、ボローニャに所在する本地区のみを特定する呼び名ではない。本書ではpopolarissimeを大衆住宅地区と翻訳した。（https://www.bibliotecasalaborsa.it/bolognaonline/cronologia-di-bologna/1934/le_case_popolarissime）

訳注（d）　農村部より都市へと住民を移動させることを意図していた。美しい外観にもかかわらず、建設当初は、各部屋にトイレもなかった。

は市街地内においても最も劣化し孤立した公営住宅の再生プロジェクトを申請することにした。申請にあたっては、「レジリエンス」を本事業に関する包括的なキーワードとして、環境・社会的側面を強調するプランが作成された。

都市再生事業の実施を検討したクアドリラテロと呼ばれるこの大衆住宅地区には、地上7階、合計約500世帯が入居するアパートが連なっている。各棟はそれぞれ緑地によって隔てられ、緑地は周辺の街路に完全に接しており、各棟の間には物質的な障害はないものの、目にはみえない認識上のへだたりが存在する。つまり、かつての近隣地区内に限定されていた緑地の利用が、街区間を横切ることさえも難しくする状態となっている（図1）。また、当初の都市計画や居住空間としてのクオリティは時間の経過とともに衰退し、同時に、近隣地区における社会的関係も衰退してきたと考えられる。こうした物質的、社会的な現状が住民の間に不安感を生み、近年では顕著な逸脱行為も確認されるようになっている。したがってこのプロジェクトは、レジリエンスを原則としたエネルギー設備を含む居住環境の改善として非常に重要なプロジェクトであるとともに、既存の構造や社会的関係を重視しながら公園の空間配置を大きく転換し、住民のアイデンティティを再構築することによって、日常生活を通じて人々の社会関係を構築し、この地区全体を再定義していくという目的を持つ。

この地区の当初の住宅地区計画は、近代都市の内部に「農村としての特徴を持つ環境（condizioni di ruralità）」を生み出すことを構想したものであり、背景には、当時、必ずしも豊かな生活環境にはなかった居住者に対してオープン・スペースを設け、「小規模な区画であっても、耕作に直接参加し、食物生産に参加したいという個々人の願望を満たす方法を提供する」（ボローニャ広報誌 “Il Comune di Bologna”, 1937）という意図があったと考えられている。計画原案を現代風に解釈し直すとすれば、市街地内での「生産」といった問題を再検討することに結びつくが、このコンセプトは都市環境の改善を目的とした本事業の戦略的な方向性の中に位置づけることができる。たとえば緑地は、開かれた公共の場になるとともに、ヒートアイランド、汚染

写真１：Bologna nuovi palazzi di via Pier Crescenzi, Anonimo, Fondo Brighetti
Collezioni d'Arte e di Storia della Fondazione Cassa di Risparmio in Bologna.
同時期、同じ地区にIFACPによって作られた建物

図１：計画地
（出典：Comune di Bologna. Principali interventi sugli immobili di proproteà comunale destinati a all'Edilizia Residenziale Pubblica e Sociale nel Comune di Bologna）

物質の放出といった都市環境の脆弱性に適切に対応しており、レジリエンスに基づいた新たな都市再生の道筋を指し示すうえでも啓発的な役割を担いうる要素である。この周辺には、ナヴィーレ運河やカヴァティッチョ公園等があり、レーノ川へとつながるエリアとして水と緑のインフラが複雑に絡み合う場所でもある。つまり、都市再生という戦略において重要な場所に位置し、したがって、このエリアを再生していくことによって、アッザリータ広場、ドッツァ広場、旧市営屠殺場（現在のポルト・サラゴッツア地区）、ロルッソ庭園やその他の地域を経て、DUMBO（ボローニャの多機能地区：Distretto Urbano Multifunzionale di Bologna）を含んだ都市再生の対象となる駅舎や鉄道部へと続く公共空間システムを戦略的につなぐことが可能である。すなわち、この地域に確認される内在的な特徴を再検討すると、現代的意義と日常的なニーズへの対応という観点からいくつかの方向性が浮かび上がる。

まず、このエリアは立地が良く、都市の緑や水系の幅広いネットワークに「接続」することが可能な位置にある。次に、生態学的要素として、水はけの良さと豊かな植生が確認される。最後に、社会的・文化的観点からは場所に関わる特有の歴史を持ち、レジリエンスと包摂に関する実験取り組みを進めるうえで適当な地区である。これらの条件から、具体的には以下のような事業が検討されている。一つは都市環境に関するものであり、現在は閉鎖され住民のみが利用できるコンドミニアムの緑地を、地域に開かれ地域に浸透した公園へと変えることにより、この集合住宅を近隣地区やその他の市街地と結びつける取り組みである。次に、生態系の構成要素と利用可能な資源（特に水と植生）を強化し、ヒートアイランドによる影響を緩和するなど、レジリエンスを高める取り組みである。最後に、社会的・文化的・経済的状況に影響を与えるための活動で、この公園を今日的な都市環境に関する啓発の場として提供し、近隣地区内外の住民からも広く認識される象徴的な役割を持つ場所として育成する取り組みである。

プロジェクトの特徴

加えて本プロジェクトには、オープン・スペースの再建を通じた新たな公共空間の創出と、公営住宅を構成する建造物の修復という二つの重要な事業が含まれている。まず、オープン・スペースの再建における主な目的は、公共空間とプライベート空間、道路と公園をつなぐことにあり、そのうえで公園を住民にとって利用可能な日々の生活の中心となる場所へと再編する。植生は公共空間において重要な役割（社会的役割を含めて）を果たし、樹木や植物は訪れるすべての人にとって魅力的なものである。また、水は気象条件による影響緩和に欠かせないものでもあるため、適切に管理しその質を高めていく必要がある。したがってこのプロジェクトでは、駐車場や現在は未利用となっている緑地を有用な緑地として活用するとともに、洪水調節池、洪水溝、雨水収集タンク等と連結し、統合的な環境システムを提供する。これらの新たな要素は異常気象にも備えており、この区域のレジリエンスを高めることに寄与するものである。

既存の樹木に関しては、大きな樹木を保護し、その他の樹木については適切な整備を行うため一部を伐採し、住宅に対して冬季の日射を確保する。また、夏の緑陰を目的として、樹木の密度、木々の大きさと種類のバランスを考慮しつつ、新たな植物や低木を計画的に植栽する。この新たな公園では、住民の意向を取り入れ、都市環境に適応できる樹種を選択し、頻繁に人が手入れを行わない場合も、つねに快適な緑の空間を創造していくことが検討される。また、年齢、性別、能力、障害の有無を問わず、すべての人が広く利用できるよう、ユニバーサルデザインの原則に沿った空間に変えていく必要性も検討されている。より広く都市の快適さを提供することで、住民間の衝突や潜在的な危険性や不快感、疲労となる要因を積極的に排除していく流れを生み出すものである。

参加プロセス

すでに述べたように、この地区には、利用されなくなった大規模商業設備や交通インフラだけでなく、象徴的・歴史的・記念碑的な場所や景観などがあり、独特の特徴を持っている。また、周辺の公共サービスやアクティビティも充実している。しかし一方で、社会文化的構成から、このエリアには周辺環境との社会関係構築が困難な住民も確認される。実際、この地区の人口709人のうち225人が65歳以上、245人が単身世帯であり、そのため特に高齢者世帯において孤独を感じている人が多いことが把握されている。また、外国籍の居住者も多く、全住民のうち192人が該当する。こうしたことから、包摂の観点からも居住環境を整え、孤立を防ぎ、排除といった課題を改善していく必要がある。したがって、このプロジェクトでは、時間をかけた参加プロセスが実践された。ここで行われた参加プロセスを通じた検討事項は[(e)]、「住民相互のコミュニケーション」、「事業の共同設計」、「地域の活性化に関する協議」、「参加による共有スペース管理」である。

まず、2019年２月から10月にかけて行われたプロセスの第一段階においては、６回の会合が開催された。そのなかで、地域住民や本地区あるいは近隣地区に関係する諸団体との間で密接な協議が実現された（Fondazione Innovazione Urbana 2019）。また、このプロセスでは、地域に所在した既存の人的なネットワークを活用し、居住者間の関係性あるいはその社会的交流を強化することが試みられた。すでに実践されてきた取り組みの延長としては、2017年に実施されたクアルティエレ・ラボラトリ（Laboratori di Quartiere）を通じて、地域再生に関する検討が行われた。この試みでは、プロジェクトの内容を充実させるためのアイデア、提案、ニーズなどを参加者に募り、出された意見を総括している。本住宅地区の都市再生に関する住民

訳注（ｅ）　ボローニャの都市イノベーション財団が参加して実施された。財団の資料では、このプロジェクトにおける住民参加は、クアルティエレよりもさらに小さい近隣地区単位を対象とした取り組みとして実施され、2019年から2021年の間に住民との討議の場が持たれた。実践された内容は、近隣地区での相互コミュニケーション、共同設計、地区内のウオーキング（クアルティエレ内での散策）である。Fondazione Innovazione Urbana（2021），p.118.

からの提案をまとめると以下である。

- 新たな多機能施設の用途を明確にする
- 公共スペースの設備に関する提案を住民間で共有する
- 地域におけるアクセシビリティの改善点を明らかにする

次に行政等の関連機関と地元関係者の間で調整を行い、続く段階として、住民との対話による共同設計の機会を設けた。具体的には、以下である。

【第1回会議】プロジェクトに関連する地域の住民によるコンドミニアム・ウォーク(f)

地域の住民や団体がこのイベントに参加し、この地区に関連するコンドミニアムの空間的な状態を視察し、その実態に関して協議を行った。参加者からは、計画のなかの公共空間の再生プロジェクトに関してそれぞれの解決案が提案された。このイベントは、住民やこの地域に関心を持つ人々を交えて行われただけでなく、対象地域の重要性を確認しその強みを明らかにし、公共空間としてレジリエンス公園を創出するという提案を基盤に、この案を改善しながら住民のアイデアを導入する機会を創出したものである。このイベントはまた、既存の都市要素を尊重しながらも、地域のニーズとその要請に応じた新たな可能性に基づきながら都市再生のプロセスを活性化していくための重要な出発点となった。同時に、住民において公共空間に対する認識を高め、都市再生に対する住民側からのニーズを明確化するとともに、地域に根ざした都市居住の質的な向上やその強化を推し進める動きを作った。

【第2回会議】ポルト・サラゴッツァのクアルティエレ会議室にて開催

これは事業対象地区以外の住民も参加することのできる公開会議として行われ、廃墟となっている体育館の代わりとして新たに建設される建物の用途

訳注（f） 地区内でのウオーキングについて https://www.fondazioneinnovazioneurbana.it/45-uncategorised/2075-passeggiate-di-quartiere-dinamiche-spazi-e-identita-il-programma-di-settembre

と将来的な利用方法を決定し、アクセスや駐車場等の問題についての協議を実施したものである。ここでは、地域福祉やスポーツ、特にアクティブ・エイジングのためのサービスやその実施場所、コンドミニアムとしての集会スペースなどのニーズが示された。

なかでも地域福祉に関連して、この地区には社会的に脆弱と判断される居住者が数多く把握されており、このため、もともと地域福祉サービスを受けている人々が多い。したがって、棟内に居住者が利用できる「聞き取り（相談）スペースを新たに設けること」などが提案された。また、スポーツのためのサービスやそのスペースの確保、高齢人口が多いことから、アクティブ・エイジングのための各種事業やスポーツを軸とする施設の設置を検討し、その実施に向けて取り組んでいくことが合意された。スポーツはまた、この地域の子どもや若者にとっても重要な関心事である。さらに、コンドミニアム居住者のための集会スペースに関しては、部分的にではあるが、老朽化し使用が困難となった部屋があるため、居住者が集まり会合やパーティなどに利用できるスペースが不可欠となることなどからこれらについての再利用案が出された。一方、こうしたスペースは居住者専用とするよりも、他の団体と共同で管理するべきという意見も出された。

【第3回会議】報告会、公的イベントの実現に向けた提案と意見の共有

公的イベントの実現に向けた提案と意見の共有が行われた。

【第4回会議】Popolarissime・フェスタ

この最後の会議では、それぞれが協議した内容についての報告を行い、地域活性化のためのイベントを提案し、参加者の意見をまとめた。

2019年11月、この参加型プロセスの第一段階が終了した時点で、報告書が作成された。この報告書では、特にアクセシビリティと施設内における横断上の問題に焦点が当てられ、策定されたガイドラインとともに、公共空間あるいは新規建造物に関する設計の道筋が示された。この報告書は、これ以降のプロジェクト展開を担うボローニャ担当部局に提出され、現在この報告書に基づいて必要個所の整備が進められている。その後、実施される活動の具体的内容をより正確に把握していくため、地区住民との間で話し合いが再開されることになる（Caruso 2021）。

「クアルティエレ・ラボラトリ（Laboratori di Quartiere）」における都市再生と参加プロセス

本事例にみられるように、公営住宅を対象とした都市再生は、ボローニャ近代史を特徴づける多くの経験、すなわち、個人、団体による住民の都市公共財管理への直接的な参加という行動を象徴するものとなっている。ボローニャ都市行政史のなかで、住民参加は長年受け継がれてきたものであるが、参加の取り組みにおいては多くの参加形態が生まれた。この経験の重要性はコムーネ条例のなかにも反映され、住民参加の必要性は広く認識されるようになっている。イタリア憲法を踏まえたこれらの条例は、利益の追求のために住民が都市行政に自律的に取り組むことの正当性を認め、自治体にはそうした取り組みを奨励する任務があるとしている。こうした法的基盤もまた、以下のように、住民による都市公共財の管理と都市再生のために展開される積極的な市民活動を支えているということができる。

住民による都市公共財の共同管理とは、2014年５月にボローニャ議会によって「都市公共財の管理と再生に関する住民と行政の間の協働規則」案として可決されたものである。この規則は、補完性の原則を実現するための手段であり、公民が様々な場面で力を合わせ、都市の管理と再生の責任を共有するための指針となる枠組みを提供するものである。この規則に基づき、2014年から、イタリアで初めてとなる試みではあるが、市民が提案して自治体と共同設計した事業案を、協働を目的とした特定の協働協定（Patti di collaborazione）の下で管理する仕組みが導入されている。この背景には、2016〜21年の行政委任期間中に策定された「都市イノベーション計画」に明記される、市民による都市利用（usi civici urbani）と、市民の財産（patrimonio minimo di cittadinanza）という二つの観点がある。公共空間の利用とこれを共同で管理するという行為はすべての市民に共通する権利であり義務でもあるため、この共同利用と共同管理に誰もが協力して関わることが求められている。

また、2017年には、市民のニーズを引き出し、参加型の予算管理を進めるなど、公民協働・共同計画プロセスの場となる「クアルティエレ・ラボラトリ（Laboratori di Quartiere）」が開設された。この仕組みを用いて、2017年から2019年にかけて、市内の六つの地区で様々な参加プロセスが開始された（Fondazione Innovazione Urbana 2021）。ポポラリッシメが所在するポルト・サラゴッツァ地区では、参加のプロセスを通じて地区における優先課題や求められる事業分野が明らかにされた。その内容は、地区のアジェンダや地区内で今後展開される新たなプロジェクトに組み込まれることになった。この地区で優先的に取り組むべき課題の枠組みは、社会的弱者でありながら地域福祉サービス網に頼れないでいる人々の孤立や孤独を防ぎその対応策を講じるとともに、社会参加と支援という相互の機会を設け、これらの取り組みをコミュニティ全体における「社会資本」（capitale sociale）形成という観点から進めることが決定されている。このように都市再生に対する住民参加の取り組みは、住民のコミュニティ意識に働きかけるともに、社会的排除という問題に直面する人々に対して包摂の取り組みを推進し、新たな社会的ニーズに応じる具体的な事業を積極的に進める必要性としても認識されている（写真２）。

クアルティエレ・ラボラトリで住民から提示されたいくつかの目的を達成していくため、スポーツなどのイベントを通じて住民同士が集まり共同生活についての意識を高める戦略や、それを実現するためのプロジェクトの導入が計画されている。インフォーマルな場での文化的活動が「下位から」推進され、文化的生産活動は行政組織の場を離れて、公共空間や共有空間で実施され展開されている。住民が社会的活動に携わる場が形成され、コミュニティの啓発やトレーニングの場として用いられることで、住宅地区がより利用しやすいものへと転換されていくと考えられる。

このように、クアルティエレ・ラボラトリは、補完性原理に基づくアプローチを通じて、住民意識自体の再生を支えに、住民が互恵性や共同の能力を高め、オープンで包摂的な都市を目指す必要性を強調する機会を生み出した。また、住民自身の新たな経験や、住民の相互関係が生み出す経験を通して、組織と個人、すなわち個々の住民と多様なコミュニティ、ボランティア、サードセクター等との間の協力関係が認識され始めたことも重要な成果として認識することができる。

以上の経験から、都市再生事業に対する住民の参加は、同時に、開放性、アクセシビリティを有し、住民同士の出会いの機会を促進する「ポルタアペルタ（オープン・ドア）」の原則を保証した仕組みの重要性を明らかにしている。これらは、協働と共有によって都市公共財の管理形態を試していく場として、あるいは様々な現実に共同で対処することのできる空間を生み出し、異なる世代、文化、ニーズを繋ぐ「橋」として、近隣や特定地域におけるソーシャルミックスを促進するとともに、社会の安全機構として機能するものである。

写真２：住民活動
©Margherita Caprili

いくつかの考察

ボローニャにおける住宅分野の今日的な課題は、複層する形を持つことが明らかとなり、多様な問題とそのニーズに応える必要性が認識されている。2016年から2021年にかけての行政委任期間中に、様々な考察やツールの提案がなされ、住宅需要への対応は、コムーネの都市計画の中心課題の一つと捉えられるようになった。

この計画に基づき、都市空間の再生や回復あるいは再利用を通じて、ボローニャのレジリエンスと居住性を高めることを目的とした都市戦略が策定され、この問題への統合的な取り組みが開始された。都市空間の修復と再生の方向を示すという目的の下で、既存の住宅の改善を含めた新しい住宅計画が進められている。そのなかでは、20世紀に建設され、今日、保存と再生が求められる「孤立した」公営住宅に特別な注意が向けられている。その象徴的な例が、マルヴァジア通りにある大衆住宅地区（Popolarissime）の都市再生である。このプロジェクトは、都市再生に対する複合的なアプローチの必要性を明確に示すものである。以前より実施されてきた建物の改修にとどまらず、気候変動への適応を視野に入れた公園整備を通じて、市民全体に対する啓発やこれらの問題を核とした住民活動を視野に入れ、都市空間に積極的に交流の場所を組み込んでいる。さらに住民参加のプロセスはまた、利害関係者の社会的ニーズに応えるとともに、住宅地とその周辺地域とのつながりを強化するものとなっている。

都市再生の実施プロセスは、住民の参加なしには成立しえないものである。実際、都市再生がどのようなものであるのかというその定義や、都市再生の実現に求められること、さらには再生された空間の将来的な利用や管理手法に至るまで、これらの問題は、個々のプロセスに実際に参加する人々によって、公の場で（「クアルティエレ・ラボラトリ」において）で協議されるべきことである。

こうした住民参加の経験を通じて生じた都市再生の提案のなかには、ボローニャ都市計画における戦略、行動計画、規則によって否定されたものもある。このように、計画策定経緯は複雑かつ統合的なプロセスであり、都市の物理的空間の再活用と再開発に取り組む際には、そこに住む人々との対立は避けられない場合もある。しかしそれは、住民と行政アクターとの情報交換や住民との協議、住民との共同の設計を経て初めて明らかになることである（Orioli 2019；Orioli e Massari 2020）。都市計画の地域戦略が、こうした住民との距離の近さと、行政による選択に対する地域コミュニティからの継続的なモニタリングの必要性を表すものだとすれば、都市公共財の管理を目的とした規則、住民参加による予算作成、およびクアルティエレ・ラボラトリは、住民が都市再生の主役となるために主要なツールであるということができる。

Column（4）イタリア住宅政策の概要

イタリアにおける初期の住宅政策

イタリアでは1990年代以後、高齢化や単身世帯の増加により様々な住宅需要が生じた。1997年から2005年にかけて顕在化した不動産ブームによって、大都市を中心に住宅価格、賃貸価格が急激に上昇する一方で（Caruso 2017: 34)、所得格差の拡大や特に近年ではCovid-19の影響により、持ち家世帯から賃貸への転換が進んだとされている[1]。第5章では、ボローニャ大学のヴァレンティーナ・オリオーリほかが、具体的なイタリアの社会住宅制度の現状とボローニャにおける居住環境の再生事例を紹介しているが、その内容を理解するうえで必要な情報を補足するという観点から、ここではイタリアの住宅政策を概観する。

欧州諸国では1800年代末より住宅政策は政策的支柱となり（Antonini 2017: 15-16)、労働者の居住環境改善を目的とした住宅建設が行われた[2]。イタリアにおいても都市化、産業化に伴う都市改造や都市拡大が進み、住宅不足に対応する目的で、基礎的自治体に低廉住宅（Casa popolare）の供給事務が位置づけられた。また、全国に、公的資金あるいは民間金融機関の融資を通じて低廉住宅建設事業の実施を進める住宅供給組織（以下、IACP）が配置された(Urbani 2010: 251)。

IACPは、この分野において基礎的自治体より強い決定権を持っていた。続くファシズム期には、居住の合理化を表象する住宅プランや実験的な住建築デザイン等への関心が集まり、建築分野におけるいわゆるモダニズム運動等と連動しながら強大な国家事業として住宅建設が進められた（Antonini 2017: 17)。

イタリアにおける初期の住宅制度の展開は低廉住宅供給制度として実践

1） Città metropolitana di Bologna “La domanda e l'offerta di alloggio sociale” Contesto del Piano Territoriale Metropolitano Allegato 6. p.5.

2） cf. 小玉徹・大場茂明・檜谷美恵子・平山洋介（1999）

されてきたが、1970年代には公的支援体制を強化する目的で公営住宅制度が確立する。以下用いる「公営住宅」という用語は、Ediliza Residenziale Pubblicaの訳語である。これに対してより複合的な供給アプローチを想定した「社会住宅」は、Edilizia Residenziale Socialeの訳語であり、この用語が使用されるようになるのは、居住困難対策として、2007年2月8日法律第9号を根拠に[3]2008年に発出された共同省令（D.M 22/04/2008）にその定義が示されて以降のことである[4]。詳細については後述する。

Ina-Casa計画による住宅政策

イタリアの住宅政策は、戦後、1950年代以後に持ち家化政策として本格的に開始された。背景には、爆撃によっておよそ600万戸の家屋が破壊されたという国内事情や、その後の高度経済成長期がもたらした南部から北部への人口移動による特に北部地域における住宅需要の高まり、また、大都市化によって生じた一部の都市に確認される住宅不足などの都市問題があった。連合国救済復興機関の関与下において[5]、1949年には戦後の住宅政策が開始し、戦後復興期には、国による住宅政策への公的介入は強化された。当時の労働大臣は、労働省の下に住宅融資業務を含めた住宅建設一般事務を包括的に遂行する組織を設立した。この体制下でIna-Casaと呼ばれる住宅計画（1949～63年）が作成された。14年間という期間を対象とする本計画を根拠として、著名な都市計画家や建築家を用い、イタリア全土で住宅建設事業が実施された。同時期には農村改造計画も策定され、大規模な干拓事業等を通じて農村集落が市街地へと転換されていった。その規模から、Ina-Casa計画による一連の住宅建設事業は、住宅建設というよりもむしろ新都市建設による

3） Interventi per la riduzione del disagio abitativo per particolari categoie sociali.

4） Definizione di alloggio sociale ai fini dell'esenzione dall'obbligo di notifica degli aiuti di Stato, ai sensi degli articoli 87 e 88 del Trattato istitutivo della Comunità europea.; 2005/842/CE on the application of Article 86(2) of the EC Treaty to State aid in the form of public service compensation granted to certain undertakings entrusted with the operation of services of general economic interest

5） UNRRA-CASAS

郊外形成であったということができる。

この住宅政策には、複数の目的が統合されていた。第一は、住宅行政に関するものであり、この観点からは、破壊され、放置され、衰退していた中心市街地から郊外へと居住の軸を転換する役割を果たした。第二は、建設行政に関するものである。新都市の建設が促進されることで新たな都市計画技術や近代的な生活様式に見合う建築プランの企画モデル化、建設技法などの方向性が具体的に検討された（Gabellini 2001）。第三は失業対策に関するものであり、大規模な住宅建設を通じた戦後復興が目論まれ、1951年から1961年の間に不動産分野は著しく発展した（Caruso 2017: 28）。住宅建設を通じた経済復興は不可避な主題であり、Ina-Casa 計画の遂行における国家の介入は顕著となった。

Ina-Casa 計画による市街地形成は、結果として、従来の都市農村関係による都市構造を解体しながら郊外に多くの新市街地を形成し、これらは古い都市やそのなかで営まれる社会生活の枠組みを乗り越えていく可能性への期待とともに国民に受け入れられた。住宅建設事業は、基礎的自治体、住宅組織、コンソルツィオ（協同形態）等の組織ごとに事業化され、段階的な賃貸価格や賃貸の形態によって配分や譲渡が行われた。Ina-Casa 計画に基づいて建設された新たな市街地は、イタリアに今までにない居住地を生み出した。これらの市街地には、三つのタイプがあった。一つは、既成市街地から離れた場所に建設され、一定の公共サービスを伴う複数の施設群による複合的な構成を示すもの、もう一つは、既成市街地に近くに所在し、中間的な規模で、既成市街地の都市的土地利用や都市機能に組み込まれているもの、最後に小規模の住宅グループによって構成され、既成市街地の周辺部にバラバラと建設されたものである（Orioli 2022）。Ina-Casa 計画では、また、住民が育成する有機的な「街区」（Unità vicinato, quartiere organico）の創出も意識された。パオラ・ディ・ビアージ（Paola Di Biagi）は、Ina-Casa 計画が促進した新たな街区形成とコミュニティ形成との関係に着目している[6)]。すなわち、古い街区の伝統的なコミュニティでも農村コミュニティでもないまったく新しい都市に移住した人々は、社会関係の形成を進める活動を通じてアイデンティティの創造を試みた[7]。このため、新都市のデザインには、社会センターや余暇を共に過ごすための空間が導入され、これ以後、有機的な住区の形成は、都市政策における住民参加の基本的ユニットとなっていった（Orioli 2022）。

一方で、新都市の建設には多くの都市計画的課題も残された。たとえば、基礎的自治体は中心市街地から離れた位置に新都市を建設したため、この計画は都市拡大を助長した。また、ソーシャルミックスの問題や、新市街地と既成市街地の関係、居住地と就業地との間の移動方法等に関しては、充分な検討や配慮は不足していた。Ina-Casa 計画によって14年間に35万件あまりの住宅が建設され、その後は労働者住宅の建設が進められた。

住宅アクセス権と住宅政策

Ina-Casa 計画等の住宅政策に基づくイタリアの住宅建設は、1950年代から1960年代にピークを迎えている。1962年４月18日法律第167号では、基礎自治体の都市計画に住宅計画区域を設定し、基礎的自治体等による公営住宅建設のための土地取得が推進された。

住宅政策における大きな変化は、1971年10月22日法律第865号により、低廉住宅に代わって「公営住宅」という用語が導入されたという点である。これによって住宅を社会的に提供するとともに、居住に対する要望に加えて社会サービスの提供を視野に入れた地域福祉ネットワークを構築することが意図された。公営住宅の利用者に関しては対象の拡大が図られるとともに、住宅供給に関する多様な助成制度が整備された。公共事業省令に基づけば[8]、「公営住宅」とは土地取得、建設、建物の修繕等に関して、これらのすべてを国、州その他の公共団体が担う住宅、あるいは一定の選考等を通じた段階的な助成等の対象となる住宅を指す。

6）　トリエステ大学のパオラ・ディ・ビアージによる一連の研究成果がある。
cf. Di Biagi, P. (ed.) (2001)

7）　郊外コミュニティのアイデンティティに関して、cf. 平山洋介（2022）。

8）　Disposizioni esplicative della legge 24 dicembre 1993, n. 560, recante: “Norme in materia di alienazione degli alloggi di edilizia residenziale pubblica

1977年には住宅政策の権限は国から州へ、また具体的な実施権限が基礎的自治体へと委譲された。この際、公営住宅は三つのタイプに区分された（Urbani 2010: 252；Fiale 2003: 89)。一つは、補助型公営住宅（edilizia pubblica sovvenzionata）と呼ばれるものである[9]。このタイプでは、基礎的自治体とIACP が、国の予算化を通じて住宅事業を実施する。したがって中央政府は直接的に事業に関与し、所得や職業カテゴリーに立脚した賃貸借を実施した。次に、支援型公営住宅（edilizia pubblica agevolata）と呼ばれるものは、協同組合形式の家屋所有に対して適用され[10]、賃料の一部を国が援助するものである。さらに、協定型公営住宅（edilizia pubblica convenzionata）では、賃貸あるいは購入に際してコムーネと締結した協定に基づく価格が用いられた（Urbani 2010: 252)。

岡本詔治は、1970年代後半における公営住宅や不動産賃貸借等に関して検討された一連の特別法は、「単に社会的な弱者保護ということだけには尽きず、住居の社会的に公正な配分という一定の住宅政策を実現しようとする目的・理念を後景においていた」（岡本 2006: 105）としている。また、「低所得家族層一般の居住利益の保護という社会的な観点」（岡本 2006: 105）を持つ住宅資金の貸し出しや賃料への補助等といった公的な介入は、イタリアにおける憲法上の人権として規定された「住宅アクセス権」（diritto alla casa）に基づくものであるとも指摘している（岡本 2006: 105)。この「住居への権利」（岡本 2006: 105）については、内閣機会均等局の住宅アクセス権に対するガイドラインにも示されているように[11]、直接的、間接的な排除に対峙する今日的な議論においても重要な位置を占めるものである。

1960年代のイタリア高度経済成長期における都市拡大は、さらに住宅供給を急ぐ結果となり、住宅問題は政策論争において主要なテーマとなった。先に述べたように住宅建設は都市計画に組み込まれたが、なかには劣悪な住宅

9）補助型公営住宅（edilizia pubblica sovvenzionata)、支援型公営住宅（edilizia pubblica agevolata）協定型公営住宅（edilizia pubblica convenzionata）の日本語訳は筆者による。

10）c.f. Legacoop: http://www.legacoopabitanti.it/chi-siamo/

11）Linee guida in materia di accesso agli alloggi di edilizia residenziale pubblica

地も作られた。前掲のとおり、1977年には、都市計画分野等について州への権限委譲が実施され、公営住宅の計画および実施および予算化については州に、公営住宅建設とその配分に関しては基礎的自治体がその任を引き受けることが定められた（Urbani 2010: 252）。しかし、大規模な公営住宅建設によるコムーネの財政圧迫が課題となり、その解決と同時にすでに問題となっていた郊外拡大に歯止めをかけるため、既存建造物の再利用案が浮上した。1978年には州が公営住宅10ヵ年計画を策定することが定められ、州の判断に基づき、新都市建設の推進だけでなく中心市街地に残る建造物の修復、修理等を通じた既成市街地における住宅確保が計画され、これを目的とした都市再生が積極的に検討されるようになった（井上 2021: 83-86）。しかし、財源不足、公営住宅の管理における課題等から、公営住宅に対する公共投資は段階的に削減され、1980年代から1990年代には民間による住宅供給へと移行した（Antonini 2017: 17）。州への権限移譲により、提供される公営住宅のタイプにも地域的特徴が生じるようになり（Urbani 2010: 252）、IACP は解体され、関連物件はすべてコムーネの所有へと移行した。

1990年代以後の住宅政策

1990年代には、家族構成（単身世帯の増加）の変化や高齢化等に伴い住宅需要の多様化が進んだ（Caruso 2017: 34）。住宅政策を通じた住宅供給は減少し[12]、代わって公営住宅群を含む都市再生政策が主流となった。イタリアの都市再生政策は、1992年に公営住宅の解体新築や修繕を組み込む形で制度化されている[13]。また、1998年には公営住宅に関する行政事務は国から州へと委譲された。公営住宅の売却や民営化の影響を受けたことによる公営住宅の縮減は賃貸住宅の数に影響し、1980年から2003年の賃貸住宅率は、36％から20％へと減少した（Antonini 2017: 17）。この減少傾向は、低所得世帯を直撃したと考えられる。このため、2001年[14]、2007年[15]に制定された、居住困難の解決を

12） cf. Caruso, N.（2017）p.26. Table 2. 3.

13） 1992年２月17日法律第179号

14） 2001年２月８日法律第21号

目的としたそれぞれの法律を通じて、賃貸住宅建設の再開が決定された。2008年には、公営住宅建設の再開および既存建造物の修復、社会住宅の建設、衰退した居住地区の再生等に関する検討が開始され[16]、住宅困難者数の減少を目的として、国と州が連携体制をとることなどが決定された。

こうした流れのなかで、居住困難等の問題に対応する住宅政策の一部については社会政策との統合という形で再編が進められ（Urbani 2010）、一方で一般の住宅建設分野は都市政策との政策統合を強めた。すべての人に対して住宅アクセス権を保障するため、たとえばボローニャ（コムーネ）では、企業や協同組合が大きく関わりながら既存住宅の再生が進められ、都市計画の標準的検討項目に社会住宅の建設が位置づけられた。この段階において、住宅政策の二分化が確定したということができる。

現在、都市再生事業の対象として最も重要な対象の一つが旧公営住宅の再編である。建造物だけでなく、社会経済的観点からも課題を抱える街区では、事業を進めるアクターと地域住民との間で地区協定あるいは地区契約を結び、住民らとの継続的な協議に基づく（accordi concenvionali）「場所を基盤とした（placed-based）」事業計画策定とその運営が試みられている（Orioli 2022）。

居住福祉

2015年時点におけるイタリアの持ち家率は73,2%であるが（Antonini 2017: 16）[17]、公共のセクターによる直接的な住宅供給のうち、特に賃貸部門が減少したため、地域間格差あるいは所得格差による不平等が生じているとされる（Antonini 2017: 18）。特に今回のコロナ禍では、若年層における住宅アクセスへの課題とその実態が確認された[18]。イタリア統計局（ISTAT）資料によ

15） 2007年2月8日法律第9号

16） たとえば、20.000alloggi in affitto（2万件賃貸住宅プロジェクト）。

17） Riparazione della popolazione UE-27 per tipo e titolo di possesso dell'abitazione di residenza（Fonte: EUROSTAT 2015）. EU内比較については、CECODHAS（2011）. *Housing Europe Review 2012, The nuts and bolts of European social housing systems.* https://www.housingeurope.eu/resource-105/the-housing-europe-review-2012

れば、コロナ禍の影響を最も強く受けた2020年において貧困率の増加が指摘されるが[19]、2020年には住宅に困難を抱える世帯が増加しており、その多くが賃貸住宅の利用者であると判断されている（Federcasa 2020）。

低所得者層では、居住に必要となる諸経費は生活費全体のなかで高い割合を占めることになるため、社会住宅へのアクセスも困難である。したがって、近年、教育や労働市場等との連携した包括的な社会的措置（社会サービス）のなかに住宅問題を位置づける「居住福祉」（welfare abitativo）の必要性が、住宅政策および地域福祉政策において高まっている（Federcasa 2020）。先にも述べたように、貧困問題やこれと連動して住宅アクセスから排除された状態にある個人、あるいは若年層に確認される住宅不足等の問題から、公営住宅分野の政策は社会政策との連携を強めた。この都市政策と社会政策、二つの政策統合の背景となった法律の一つが2000年11月８日法律第328号である。

本書第７章第の内容とも関連するが、この法律の柱は生活の質的保障、機会の均等を達成するうえで必要となる扶助必須レベルの社会サービスを提供しうる近接型システムの構築にある。このため、この法律の理念を都市空間のなかで具体化する動きは、都市政策を社会政策の観点から大きく変化させ、住民の暮らしという観点から都市計画の枠組みを変容させた。この法律を受けてコムーネは、地域環境管理分野において適用してきたように、クアルティエレ・ラボラトリを通じた住民参加を強化して社会基本計画や福祉地区計画を策定し、これらの社会計画を都市計画とすり合わせることで、都市居住という空間的問題と、地域コミュニティの問題とを連動させ統合した施策の立案を進めている。

ボローニャの現状

イタリアにおける住宅ストックのうちおよそ３％あまりの住宅が社会住宅に相当すると考えられるが、ボローニャではこの比率は高い[20]。ボローニャに

18） Città metropolitana di Bologna, La domanda e l'offerta di alloggio sociale. Contesto del piano territoriale metropoltano, p.5.

19） ISTAT（2021）.

おける持ち家率は63%、賃貸率は30%あまりと考えられるが、これらのなかには、かつてのIACPによって管理されているものが含まれる[21]。また、およそ2万件で協定による家賃が適用されている。ボローニャでは、この数年の間に観光分野が発展し、小規模住宅をB&Bとして貸す事例が増加している。これらの住宅はかつて、若年層の家族や学生に貸し出されていたものである。また、一方で人口も増加しており、増加に対して住宅供給が追いつかない状況にある。学生への住宅供給不足の状態は、社会問題となっている[22]。

エミリア・ロマーニャ州は、2009年7月6日州法第6号において、若年層や高齢者、外国国籍の労働者などの特定の利用者に対して、協定家賃を適用した民間の住宅、公共セクターが所有あるいは公共セクターとの間で賃貸関係を適用した住宅、公共セクターとの協定に基づく価格で売却された住宅等のすべてを社会住宅に含むとしている。また、現在ボローニャでは公共セクターを中心に、協定により家賃を定める新たな賃貸住宅が計画されている。これらは、新規の市街地拡大を行わず、市街地の再利用を目的とした都市再生として進めることが決定されており（Orioli 2022)、並行してエネルギー消費等を含めた住宅の質的な見直しも行われている。第5章で紹介された具体的な現場は、こうした観点から実施される都市再生プロジェクトの一つである。

20）2022年9月8日のボローニャ住宅政策の専門技官グエルツォーニ（Guerzoni）氏へのインタビューでは、コムーネ所有の住宅は1万2000戸、約2万5000人が居住している。

21）1995年にIACPに代わり、エミリア・ロマーニャ州の公社ACER（Azienda Casa Emilia-Romagnaが住宅の管理監督を担う立場となった。この際、建物の所有はコムーネとなった。

22）Isaia Invernizzi "Per gli studenti trovare casa a bologna è diventata un'impresa, Dopo la pandemia i prezzi sono aumentati e le case disponibili sono sempre di meno, per via della concorrenza di Airbnb. Il Post. https://www.ilpost.it/2022/09/18/case-studenti-bologna-airbnb/

第6章

近隣商業空間の社会的再生

近隣商業空間

1960年代から1970年代のイタリアでは、中心市街地の衰退が社会問題となり、古い都市構造やこれを構成する建造物を再利用する都市政策が適用された。中心市街地の活性化策を推し進めるうえで地区の物質的な再編がコミュニティに大きな摩擦を引き起こすことがないよう都市行政に対する住民参加制度が強化され、都市の社会的側面を重視した社会的都市計画の策定が実践された。その後、近隣商業空間の維持はイタリア都市計画のいわば得意分野として、その保全が長年実践されてきたということができる。

しかし、1980年以後の商業空間形成に関する規制緩和や1990年代に制定される都市再生関連法は大型ショッピングモールの建設を促し、歴史地区内では都市美や歴史的特徴を用いた都市観光が激化した。最近では、EU 指令に基づくサービス部門全般の域内自由移動等に伴い、都市計画を通じた小規模店舗の保護は実質的に困難となっている。歴史地区内外における多様な商業空間の建設は以前よりもはるかに容易となり、近隣商業空間や中山間地域の小規模店舗群では衰退が確認されるようになった。したがって、既存の商業空間をどのように再生するのかという問題は、都市政策においても重要な位置を占めるようになっている。

こうしたなか、今回のパンデミックでは日常生活が大きく制約され、購買行為における近隣商業空間の重要性を多くの人々が体験した。巨大スーパーマーケットのネットワーク化を進めてきたイタリアの大規模生活協同組合の中には、コロナ禍のダメージを経て、新たに、地域密着型のミニマーケットへの戦略的移行を検討する動きがある[1)]。

1) e.g. https://www.ilsole24ore.com/art/il-piano-coop-alleanza-30-meno-ipermercati-piu-market-ABUNtXeB

日伊地域商業政策

イタリアにおいて近隣商業空間の一部に衰退が引き起こされた、その要因の一つとなった制度的、政策的背景には日本と類似する課題が確認できる。日本の多くの商業空間は、都市への人口集中が顕著となる高度経済成長期に大きく発展したとされる。未だ布製アーケードが用いられた1960年代の商店街等は、高い集客性を示していた。しかし、1970年代に居住の郊外化が進み大型スーパーの進出が既存の商業空間との間で強い摩擦を生むようになると、構造的な変化に直面した中小商業事業者の疲弊が顕在化した。大規模小売店舗法（1973年）はこうした状況への対応を企図したものであったが[2)]、1980年代になると、大規模小売店舗建設の段階的な緩和が開始する。1990年代には、小規模店舗によって構成される商業空間の維持は困難となり、衰退を始めた商業空間に対して新たなコミュニティの担い手としての役割や都市観光戦略の視点を加え、商業戦略と都市計画とを連動させる、いわゆる「まちづくり」の要素に商店街等が組み込まれる状況が生じた（渡辺 2014）。1998年には大規模小売店舗法廃止とともに、「まちづくり三法」が制定された[3)]。大規模小売店舗立地法（1998年）には大型小売店の出店規制を緩和し、近隣住民の購買環境の維持やその地域的配置、購買における選択的多様性等の市民生活に関わる商業空間の役割に対する視点は、都市行政の視座からおおむね除外されることになった。

一方、イタリアにおいては、1971年６月11日法律第426号がコムーネに対して「小売商業計画」（piano di sviluppo e di adeguamento della rete di vendita）の策定を促すとともに[4)]、この計画と都市計画の双方を用いてコムーネによる近隣商業空間の調整を可能とした。コムーネは小規模事業者の登録義務や自治体の営業許可制度を通じて、地域の商業活動に強い介入を行っていた[5)]。し

2）　c.f. 林雅樹（2010）

3）　中心市街地における市街地の整備改善および商業等の活性化の一体的推進に関する法律、大規模小売店舗立地法、改正都市計画。大規模小売店舗立地法は2000年施行。

4）　直訳すると、小売網の発展と適性化に関する計画となる。

かし、1998年3月31日立法命令第114号に基づいて実施されたベルサーニ改革（Riforma Bersani）が大規模商業施設の建設を促進することになる[6]。この改革は、近隣商業を含めたあらゆる業種において透明性の高い競争の実現を目的とし、これによってコムーネによる小売商業計画の策定は廃止された。商業活動の完全な自由化へのアプローチは都市再生事業を活発化させ、空洞化した旧工場跡地等の都市再開発と連動することによって[7]大規模商業施設の建設を促進した。この法律は、商業活動の多様性を保持するという観点から、中小事業者の重要性や[8]、都市、農村、山岳、島嶼における商業活動においては周辺地域へのインパクト等に配慮するよう言及しているものの[9]、総合的には、中・大規模の商業施設建設を大きく進めた改革であったと評価されている。

また、ベルサーニ改革は、1990年代末に実施された州に対する地域商業政策の大規模な権限移譲の一角を形成していた。したがって、新たな商業空間の建設については各州が独自の判断を行うことが可能となった。地域の商業空間をコントロールするために、州による地域商業政策とコムーネの都市計画との相互関係のあり方が問われた。特に、都市計画の策定について多くの権限をコムーネに委譲していた州に所在し、独自の都市政策を立案して大規模小売店舗建設を抑制したいコムーネは、規制項目を工夫して都市計画に組み込み行政区域内の商業開発に関して一定の調整力を維持することを試みた。しかし、この調整は、同時に外部資本の参入や開発圧力と都市行政との間での厳しい軋轢を生じさせることになった。

5） 同時期の欧州諸国における都市商業政策や1980年代からベルサーニ改革までのイタリア商業政策、小売商業計画、については、cf. 宗田好史（2000）pp.175-176.

6） D.Lgs.114/1998, いわゆるDecreto Bersaniを通じた改革である。

7） cf. Karrer F.（1997）

8） d）il pluralismo e l'equilibrio tra le diverse tipologie delle strutture distributive e le diverse forme di vendita, con particolare riguardo al riconoscimento e alla valorizzazione del ruolo delle piccole e medie imprese.

9） e）la valorizzazione e la salvaguardia del servizio commerciale nelle aree urbane, rurali, montane, insulari.

EU指令による近隣商業空間への影響

日本においては、改正まちづくり三法がコンパクトシティの方向性を強く打ち出すものとなり、投資は既成市街地の都市再生に集中した。都市再生を通じた都市変容は中心市街地の商業空間を一変させ、一部の近隣商業空間を観光地へと転換するとともに、商店街や食品専門店等（これらの店舗のなかには、長年の間に培われた食に関する専門的な技術を持つものが含まれる）を減少させている。また、看板建築など独特の建築も近隣から姿を消し、商業空間の空間構成においても多様性が失われて、個別小店舗との関係に馴染んだ人々や自動車での移動を前提としない購買層は、大都市部のなかでもいわゆる買い物難民となった[10)]。

画一化の方向に向かう日本に対して州に分権されたイタリアの地域商業政策は、州の実情によって各地が異なる商業戦略を強化する結果を生んでいる。人口減少や過疎化の問題を抱え、近隣において営まれる既存の商業活動を重視する特に南部の州では、州法を通じて大型店の出店を何らかの規制下に置き、歴史地区や中山間地域などの小規模な商業活動に関してはその維持が図られた[11)]。一方で、ピエモンテ、ロンバルディア、エミリア・ロマーニャ、マルケ等の大都市圏化が進む各州、いいかえれば大都市圏ネットワークによってイタリアの経済発展を担う北部州では、大規模商業施設の建設規制は行われず、商業空間の質的なコントロールを進めるプログラムの策定が進められた（Clerici 2019: 42）。ベルサーニ改革によって商業活動のタイプや規模を完全に都市計画規制から除外し、開発がより容易になったロンバルディア州では、大規模なショッピングセンターが次々と建設されている。たとえば、マセラーティの旧工場等、アルファ・ロメオの旧工場等を用いた都市再生、スカロ・ミラノ・アウトレットの建設等がある。このほかにも、自

10）　e.g. 後藤寛・長岡かなえ（2019）「大都市郊外住宅地における買い物難民の定量的把握――横浜市保土ケ谷地区・旭区を事例に」『横浜市立大学論叢人文科学系列』Vol.71、No.1・2、pp.79–102.

11）　郊外の道路沿線等にショッピングセンターが林立するようになった状態について、以下が詳しい。L'U.O.dell'Università di Napoli "l'Orientale"（2017）

動車工場跡地を用いた商業系の大規模な都市再生事業が継続的に実施されている[12]。ミラノを中心とする新たな商業空間の創出は、一般生活の消費形態を変えると同時に観光を目的とした商業空間の再編を促し、大聖堂のある広場周辺には一定数の観光客が訪れるもの、それ以外の地域では商業空間の利用者減少とともに空き店舗の増加が指摘されるようになった（Clerici 2019）。

近隣商業空間の近年の変化には、域内市場におけるサービスに関する指令による影響もある[13]。域内市場サービス全般に関するこの指令は、サービス部門の包括的な自由化を検討対象としたものであり、イタリアでは国内法が制定された[14]。これによって文化的あるいは歴史的な価値のある場所での商業活動については文化遺産の保全という観点からカテゴリーおよび類型の商業活動が選別されることが明記されたものの、健康や労働の保護、都市環境を含む環境保全ならびに文化財等に配慮すべき場合を除き、この法律を通じて新たな商業活動は都市計画等による地域的制約を受けないことが明確になった。すなわち、各州の包括的な政策体系への適合を条件とはしているが、これによって自由な商業活動のすべてが実施可能な事業として担保されたことになる（L'O.U.dell'Università di Napoli "l'Orientale" 2017: 120）。商業活動に関する規制緩和に伴い、郊外に点在する既存の公営住宅等再編を目的とした大規模な都市再生事業の実施を通じて、イタリアにおいてもいわゆるロードサイドに大規模ショッピングモールが点在する都市景観が生まれた。加えてインターネットによる商品の購入スタイルも一般化され[15]、近隣における商業空間の衰退は、都市構造のみならず社会生活にも大きな影響を与えるように

12） ミラノの商業系都市再生について、cf. Morandi, C. (2007).

13） DIRECTIVE 2006/123/EC OF THE EUROPEAN PARLIAMENT AND OF THE COUNCIL of 12 December 2006 on services in the internal market; cf. 外務省 https://www.mofa.go.jp/mofaj/area/eu/srv_statute.html; ジェトロ（2007）「サービス分野の市場統合とサービス指令（EU）」. https://www.jetro.go.jp/ext_images/jfile/report/05001449/05001449_001_BUP_0.pdf.

イタリアへの影響について、cf. Battilani（2007）pp.60–61.

14） 2010年３月26日立法命令第59号

15） La Repubblica, Economia e Finanza. Miele, E. 21 Febbraio 2017. Coop Alleanza 3.0 sfida sul fresco a domicilio https://www.repubblica.it/economia/rapporti/impresa-italia/food/2017/02/21/news/coopo_alleanza_3_0_sfida_amazon_sul_fresco_a_domicilio-158829687/

なっている。

イタリアにおける商業活動の緩和策と都市計画規制からの切り離し、あるいは都市政策における都市計画から都市再生への移行は、既存の近隣商業空間を衰退させ買物難民等を誕生させることでイタリアに新たな都市問題を生み出した。このため、商業活動、消費、都市の関係性に関する再考は、イタリアの都市政策において今日的な課題となり、これらの課題を検討するため、「都市における商業空間の変容とその社会的な課題」をテーマに2015年には国による研究資金を用いて大規模な研究調査（以下、商業空間研究）が実施された[16)]。ここでの主題は、商業活動と都市構造の関係、流通システム、商業活動における連携体制のあり方に加えて、公民協働、購買・消費の場所、新旧消費行動の葛藤等である（Viganoni（ed.）2015: 20）。また、議論される内容は、商業活動が都市の衰退や都市再生に大きく関連していることを前提に、消費行動と都市空間形成との関係についての再認識を促すものである。

研究成果には、ミラノ等の大都市圏を中心に商業空間のさらなる開発を主張するものや、南部イタリアの実態などに即して地域固有の都市－消費関係の構築を主張するものなどがみられるが、これらの分析に共通して確認される特徴の一つが、「中小都市」の観点からの商業空間の再生問題に対するアプローチである（Clerici 2015）。EUの都市政策は、欧州内に点在する既存の巨大都市を対象に都市再生を軸に検討されてきた。しかし、近年その対象は中小都市へと展開している。特にイタリアの場合には、中小都市が多いことや、産業クラスターが集中する中小都市のネットワークとこれが創出する連携型の都市地域あるいはリージョン型大都市圏（メガ・シティ・リージョ

16）　Progetto di ricerca Commercio, comsumo e città: pratiche, pianificazione e governance per l'inclusione, la resilienza e la sostenibilità urbane, finaziato da Miur nell'ambito del bando 2015 dei Progetti di ricerca di Rilevante Interesse Nazionale（PRIN）. Viganoni, L.の編集によるこの報告書は、イタリア教育省競争的研究費に基づいて実施された「商業・消費と都市：都市の社会包摂、レジリエンス、持続可能性に関する実践、計画とガバナンス」に関する国際的、包括的研究の成果である。ナポリ大学、バルセロナ大学、ボローニャ大学、ミラノ工科大学他が参加して実施された。

ン）構造に重要性があるという特徴がある。したがって、近隣商業空間が小都市の地域経済において果たす役割も大きく、都市観光が推進される経緯で中小都市に所在する商業空間の質が、それぞれの都市の付加価値を高めるとの認識もある[17]。このため、商業空間の再生は都市発展戦略において急務であり、その方向性を見直す必要も高まっている。

社会ストックとしての近隣商業空間

商業活動と都市構造の関係、流通システム、商業活動における購買・消費の場所等のテーマに関連して、商業空間が持つ特徴的な外観に関する幅広い研究実績もある。イタリア諸都市の商業空間形成は広場との関係において論じられ、特に地中海諸国では、商業活動は広場を核にストア（stoà）とポルティコとの関係を形づくったとされる[18]。こうした構造を持つ古い広場は中世都市の市街地中心部に空地として残り[19]、市場として継続的に使用され、拡大、舗装されながらいわゆる中世都市にみられる現在の広場へと編成されていった（Fanelli 1980: 20）。同様に、道路、橋梁等の公共施設と商業活動との関係においても、独特の商業空間が生み出された。商業空間として展開した橋梁では、橋梁に接続する道路の沿線に店舗が建造され、商業活動に付随する食堂や宿、倉庫などが建設された。広場と商業空間の関係は、ルネッサンス期以後には空間設計における一つのモデルとなり、「連なる商店によって構成されるポルティコを持つ公共空間」（Balducci et al. 2015: 7）は、都市構造を計画するうえでの新たな都市デザインの一つとして近代都市計画に定着した。

1800年代になると、フランスを中心にガレリア、パッサージュ、アーケードなど、建築的商業空間が誕生する。このうち明るく広い空間によって構成

17） cf. Knox. L.P., Mayer, H.（2009）

18） 都市計画家による分析として、Coppa, M.（1981）pp.229–243.; 日本では、e.g. 大谷幸夫（2012）pp.119–131.

19） cf. 池上俊一（2002）pp.231–251.

され、十字形の象徴的なプランを持つガレリアには高級店の間にカフェやレストランが併設された。パリの都市改造を通じて構成された大通りにも、百貨店、劇場、カフェ等が立ち並び、ショーウインドーが連なる大通りや街区あるいは都市自体が、一つの象徴的な商業空間として著しく発展した[20)]。

1800年代に誕生したこうした多様な建築的商業空間のなかで、より日常生活に関連し、人々の暮らしの身近に建造されたものに「屋根付き市場（mercato coperto）」がある（写真１、２）。これらは、内部に仕切りのない開かれた空間のなかに、多様な商品を扱う個別店舗を集積させることができた（Calabi 1993: 189）。最も単純な形式では、市場として場所が固定されている場合に、これに広い屋根を付けたものが確認できるほか、広がりのある空間に置かれた陳列台を屋根で覆ったものなどもある。ロッジアはフランス支配の影響を通じて歴史地区の中心部、すなわち都市構造に組み込まれて建造されたとされ、農村の食糧庫等に類似する形態をしていることを特徴としていた（Balducci et al. 2015: 30）。ガレリアのように豪奢な購買空間として認識されるものではなくても、非常に生活に密接に関連した一般的な商業空間において用いられた構造的な蓄積は、都市を特徴づけるものとなっている。

近隣商業空間は、住民意識においても一定の蓄積を生み出してきたと考えられる。住居と小規模店舗やその連なりが作り上げる都市構造を再利用するという1960年代以後に適用された都市政策は、利害調整等の観点から住民参加制度を導入しこれを重視した。一般住民による都市行政への参加は、住民の間に近隣商業空間を社会ストックとして捉える地域共同管理意識を醸成したことが想定される。都市行政は、商業計画、修復計画等の策定を通じて近隣商業空間を社会ストックとして保全し、クアルティエレの住民はそれを認識しながら、店舗が相互に連携し、場合によっては小規模な組合等を形成して街区の共同管理体制を創出してきたと考えられる。

20）　c.f. デヴィッド・ハーヴェイ（2017）

写真１・２：ボローニャの屋根付き市場の一つ、メルカート・ディ・エルベ（Mercato di Erbe）

（上．外部、下．内部）

巨大スーパーからの転換

ボローニャでは、パンデミック前の数年間に急激に都市観光が発展したことにより、一部の近隣商業空間において観光を目的とした再利用が開始した。その一つがメルカート・ディ・メッゾ（Mercato di mezo）とその周辺の地区（以下、クラヴァトウーレ地区）である（写真３、４）。この商業空間で実施されたグレードアップ（再評価事業）の成果は、現在、多くの観光客を惹きつけている。先に紹介した国家レベルでの商業空間研究[21]、コムーネによる行政資料[22]、各種メディアによる資料等を用いて、本地区を対象とした都市再生の経緯について紹介する。

クラヴァトウーレ地区は、市街地中心部のマッジョーレ広場に隣接しているにもかかわらず、比較的低迷してきた商業空間である。低迷の理由は、古い屋根付き市場が未利用のままで放置されていたという物質的な課題にあった。本地区に関する商業空間研究による報告書（Zinzani 2019）は、クラヴァトウーレ地区における商業空間の形成史について次のようにまとめている。

1860年代の近代的な都市計画に基づき、ボローニャでは市場の移設が必要となった。マッジョーレ広場を野菜や果物の市場として開放する動きもあったが、露店の所有者等は共同で「屋根付き市場」を建設した。戦後、この屋根付き市場の建物は一部が映画館へと改造され、残りの空間は、果物、野菜の販売市場として復活した。市場の周辺には肉や魚等の食料品を販売する街区が形づくられ、これに隣接して職人工房や手づくりの商品を販売する店が集まることで、ボローニャの中央広場に隣接するこの地区は、いわゆる近隣商業空間としての役割を果たすようになった。

1980年代末には、コムーネと国立保健局が屋根付き市場の土地を取得し、一部については以前のとおり映画館としての経営を継続していたが、1990年代には市場についての管理権限はクラヴァトウーレ協同組合（Cooperativa Gestione Mercato Clavature）に移された。この協同組合は、旧市場の販売者やそこで働く人々によって構成されるもので1960年代に設立されている。ここで説明を補足すると、1998年のベルサーニ改革以後には、歴史地区内への

21） Zinzani, A.（2019）

22） Comune di Bologna, Settore Economia e Attività turistiche（2003）, Variante al progetto di valorizzazione commerciale（art.8 della Legge Reionale 5 luglio 1999, n.14）e qualificazione dell'area "Quadrilatero", approvato con deliberazione di giunta 30 gugno 2003, Prog.n.167.

スーパーマーケットの参入が開始し、従来の小規模店舗や市場との間での競争が激化した。ボローニャは古い街並みを残してはいるが、歴史地区内には多数の大規模スーパーの参入が確認される[23]。こうしたなか、クラヴァトウーレ協同組合では運営者の高齢化等の問題もあり、旧市場内には未利用の店舗（空き区画）が生じることになった。このため管理組合は、旧市場を大規模協同組合が運営する大型スーパーマーケットに貸すことで運営を任せるという選択を進めた[24]。

行政資料によれば、この際、コムーネは、州法に基づいて策定したコムーネの商業利用計画（piano di valorizzazione commerciale）の存在を前面に押し出してこの問題に介入し、スーパー建設計画を阻止している。このとき、コムーネが行った主張は、近隣商業空間は個人的な空間ではなく、「近接性」に基づいた商業、購買活動を担う社会ストックであり、そこで住民は自由に購買行為を行うことができる権利を持つとするものである[25]。

1999年の7月5日州法第14号に基づいてコムーネが作成した「商業空間の活用と再評計画」（2003年）によれば、クラヴァトウーレ地区においては370店舗あまりの商業活動が行われていることを明らかにしている。地区を構成する店舗のうち、幹線道路に面していない一角には「地域的な特徴を示す菓子類や生鮮食料品が販売され」ており、これらの店舗のうちおおむね95％が、いわゆる近くに暮らす購買者を対象とした近隣型の商業活動である[26]。また、地区の構成要素となる店舗の多くは小規模店舗であり、商店と住民との関係や商業空間と都市構造との関係という観点からも重要な位置づけにあ

23） e.g. Carrefour: https://www.carrefour.it/punti-vendita/carrefour-express-bologna-via-massarenti-n2-3195.html; ボローニャを地盤とするものとして Conad: https://www.conad.it/

24） Coop Adriatica, Plenty Market

25） Zinzani（2019）に基づき、以下の記事を確認した. Bignami, S. Il mercato di mezzo conteso | Bologna la Repubblica.it https://bologna.repubblica.it/dettaglio/il-mercato-di-mezzo-conteso/1394905

26） Comune di Bologna, Settore Economia e Attività Turisriche（2003）, Variante al progetto di valorizzazione commerciale（art.8 della Legge Regionale 5 luglio 1999, n.14）e qualificazione dell'area “Quadrilatero”, approvato con deliberazione di giunta 30 giugno 2003, Prog.n.167. pp.4–5.

る。

報告書（Zinzani 2019）の記述に戻ると、コムーネの対応により大型スーパーの建設は中止されたが、郊外大型店舗への一般購買層の流出を止めることはできず、映画館を含む市場は閉じられ、屋根付き市場は一定期間、未利用のまま放置されることになった[27]。その後、この問題は都市再生の議論へと移行する。都市再生事業の主体は、先に大型スーパーマーケットの建設を意図したボローニャを地場とする大規模な協働組合コープ・アドリアティカ（Coop Adriatica）（のちに合併してCoop Alleanza 3.0）である[28]。この協同組合は以前とは異なる戦略を用いた。つまり、本地区に大型スーパーを持ち込むのではなく、古い屋根付き市場を修復し、レストラン、食品加工等に関するその他の協同組合や店舗と連携して地区全体を一つのコンセプトで運営する戦略を採用し、クラヴァトウーレ地区を食文化、食の拠点として発展させる企画を投入した。隣接地にはレストランを備えた協同組合による書店（Librerie.Coop.）も開店され、旧屋根付き市場の刷新と再生が進められた。

都市再生批判

旧市場自体を観光目的に再編する事例は、イタリア以外の多くの欧州都市で確認される。本事例では旧市場が近隣商業空間のなかに所在するため、これを対象とした都市再生事業の効果を、近隣型の商業活動にプラスの効果として波及させることを試みた事例である。本地区は歴地地区の中心部に位置するが、豪奢なブランド街化は避け、改造した旧市場を中心にストリートフードなどの要素を加えながらカジュアルな日常感を生み出し、「何も特別なものがないという特徴を活かした都市イメージの構築」が試みられている[29]。古いレストランは閉じ、小規模な店舗のいくつかは学生や観光客にワイ

27） Bignami, S. (2009). "La quarantena del Mercato di mezzo," La Repubblica Bologna. https://bologna.repubblica.it/dettaglio/la-quarantena-del-mercato-di-mezzo/1691900

28） 食品分野において欧州最大級の協同組合である（Zinzani 2019: 57）。

29） 何も特別なものがないというボローニャの都市イメージついて、cf. Antonucci, M., Selmi, F. (2020)

ンを飲ませるショットバーや軽食店へと転換された（このなかには古い店舗も含まれる)。一方で、現在のところクラヴァトウーレ地区は近隣商業空間としての役割を維持している。専門性の高い小売店舗（菓子店、既存の鮮魚店や花屋、食用器具等）の多くは経営を継続し、街区を構成する文化資源として都市再生のなかで活用されている。市民や観光客を対象に高い集客力を示しており、周辺地区の小規模店舗を加えた街区の活性化という観点からは一定の成果をあげているようにみえる。

このプロジェクトの特徴は、近隣商業空間を、学生や観光等の移動する人たちを混在させた新しい近接性によって再構築するアイデアにあるが、この都市再生を批判的に分析する切り口も同様にこの点にある[30)]。商業空間研究においてボローニャ大学のアレッサンドラ・ボナッツィ（Alessandra Bonazzi）は、上位計画となる都市ブランディング戦略、すなわち「食のまちボローニャ」（City of Food is Bologna）を批判する。この戦略に基づき、グローバル・フードマーケットであるイータリーの参入とボローニャ大学農学部との連携において、近年、郊外に大規模な近隣商業空間であったF.I.C.O.と呼ばれる食のアミューズメントパークが建設された[31)]。批判では、クラヴァトウーレ地区を、F.I.C.O.と対を成すもう一つのアミューズメントパークへと変化させたと指摘している。「食」に関する特別な物語は、ボローニャに所在する従来型のレストランと食のタイプを衰弱させ、特定のライフスタイルをターゲットとした新たな「場所」を生み出すことで、従来の日常的で多様な購買層による消費活動の自由を排除した（Bonazzi 2019)。新たなクラヴァトウーレ地区では、モノだけでなく、知識や情報が商品として重視され、生活に近い雰囲気が消費の対象となることで、観光地への転換が図られた。これが結果として、地域に所在する社会ストックとしての近隣商業空間を、住民の暮らしからは遠ざけた可能性がある[32)]。

30） L'U.O.dell'Università di Bologna（2017）

31） https://www.fico.it/it

協同組合と地域コミュニティ

イタリアでは、都市と商業活動との関係、商業事業者間の連携体制、購買と場所との関係性など、消費行動の変化等が都市空間に与える影響についての関心は高い（Viganoni 2017.: 20–22）。近隣商業空間としてのクラヴァトウーレ地区は、「消費行動や気晴らしなどの社会化」（Bonazzi 2019: 8）が長い時間をかけて創出してきた特有の場所として都市のなかにあり、専門的な商品の選択や選別、食品加工等に関する多彩な実践活動を伴う。このため、近隣商業空間が生み出す雰囲気は、モノの販売に目的を絞った空間構成を用いるスーパーマーケット等とは全く異なるものとして都市のなかに成立している。クラヴァトウーレ地区を対象とした都市再生では、近隣商業空間として発展してきた特有の場所は、新しい商業戦略を生んだ。しかし、学生や観光客による特定の消費行動は必要以上に拡大し、再利用された商業空間のイメージは場所の意味を変え、地域の商店組合や古い店舗に残る商品とその伝統的な製造技術等という言説に結びつけられることを通じて（Bonazzi, 2019）、この街区を文化地区へと転換している。これによって、従来の利用者や日常的な購買行動を排除したという可能性は否定できない。実際、本地区におけるここ数年の店舗の入れ替わりは著しく、食と無関係な店舗は失われる傾向にある。

一方で、近隣商業空間の保護を目的としたコムーネの介入や協同組合による戦略の変化には注目することができる。イタリアの協同組合研究を代表するひとり、ボローニャ大学のパトリツィア・バッティラーニは、活発化する新しいタイプの協働組合として、社会的協同組合（cooperativa sociale）とともに、コミュニティ型協同組合（cooperativa di comunità）の動きに注目して

32） Bonazzi, A., Frix, E.（eds.）（2019）によれば、この都市ブランディングに合わせて変化した中心市街地のマーケットは、メルカート・ディ・エルベ（mercato di Erbe）メルカート・ディ・メッゾ（Mercato di Mezzo）である。この他郊外に位置する野菜・青果市場（CAAB）も再開発の対象となった。http://www.comune.bo.it/sites/default/files/documenti/cs%20CAAB%20COMUNICATO%2024%20GIUGNO%20PARCO%20TEMATICO%20AGROALIMENTARE%20BOLOGNA.pdf

いる。前者は、日本においても広く紹介されているが、後者は、近年、広がりをみせ始めた活動である。コミュニティ型協同組合は、人口減少が進み小規模店舗の運営が困難となった中山間地域や衰退した郊外等で活動を行い、購買や郵便、配送業務等の日常的な生活一般の支援を目的とする協同組合である。さらに、このタイプの協同組合は、小規模農家に対して農村型観光の経営ノウハウをサポートするなど、地域活性化に関連した実践活動等も行っている。コミュニティ型協同組合は、過疎や高齢化など地域問題に密接に関連した社会、経済的な課題を総合的に支援し、人的資源の育成や社会関係の構築に力を置きながら解決に導くという視点を持つ。

イタリア最大の協同組合の一つであるレーガコープは、コミュニティ型協同組合について、「ソーシャル・イノベーションの一つのモデルであり、財やサービスの生産を担うことで地域コミュニティによる社会経済活動の質的な向上に貢献し、個人、企業、協同組織等が、消費者とサービスの供給者という社会関係に立脚した一つのコミュニティを形成し、それぞれ相互扶助に基づきながら、社会の多様化するニーズに応えていくシステムである」と説明している[33)]。コミュニティ型協同組合の活動は、コミュニティが求める近接性の構築に向けた一つの社会的なアプローチである。コミュニティ型協同組合等の新しい協同組合の活動について、バッティラーニは、「多様性の経済（economia di diversificazione）」（Battilani 2022）に関連した動きであると指摘する[34)]。

クラヴァトウーレ地区を対象に、都市再生において中心的な役割を担う協同組合は、コムーネ内の別の地区においても衰退した旧産業地区を更新して一種のショッピングモールの事業展開を図った。しかし、この事業は成功していない。これに対して、クラヴァトウーレ地区を対象に試みられた既存要素の再構成による事業展開は、多くの業種にまたがる小規模店舗の連携や日常的な居住者の購買活動に別の要素を交えた新しい近接性に基づきながら、

33）　Legacoop: https://www.legacoop.coop/cooperativedicomunita/cosa-sono/

34）　2022年５月のボローニャ大学研究室でのバッティラーニ（Battilani）教授との意見交換による。

地域の販売者、消費者のコミュニティを大きく変容しない形で実践され、現在のところある程度の成果を得た事例として判断することができる。

このプロジェクトを主導した大規模な協同組合は、1800年代末より継続す

写真３：改造されたメルカート・ディ・メッゾ

写真４：クラヴァトウーレ街路

る伝統的な商業空間のシステムと、ストリートフードなどの、そのシステム自体を刷新する商業的要素を一つの場所で調和させる役割を果たした。この協同組合は2019年に、コミュニティとの関係性に関するレポートを作成し、パンデミック以後は、いわゆる巨大スーパーマーケットから脱却するとして、地域密着型のミニマーケットへの移行を進めている。

Column（5）商店街

日本の商店街における近接性の問題

水内俊雄、加藤政洋、大城直樹は、商業空間の空間形成に重要な役割を果たした職住関係に関する分析を行っているが（水内ほか 2008: 160）、これによれば、初期の商業空間を構成する建造物のうち、京都で約80％、大阪では約86％において店舗と居住の兼用が確認されるようである。地域型、近隣型の商業空間における商業活動と居住との近接、すなわち生活空間と商業空間を区分しない商業活動のあり方は、1960年代の、商店街が最も発展する時期にも認識される特徴であったと考えられる。石原武政は、現在も、特に最寄り品の店舗が集積する商業空間では、商業者の多くが店舗の奥に居住していることを指摘している。商業空間の顧客は近隣の住民によって構成されるため、店主らは住民たちと商店以外の場所、すなわち伝統行事や祭り、趣味の集まりなどでも顔を合わせることになる（石原 2015: 9）。

こうした商業空間における地域性の問題（木地 1960: 66）は、商店会等を通じた共同的な運営体制、あるいは経営活動の場所と日常生活の場所の一致という観点から、販売するモノの質、組織化、システムに混乱を引き起こす要因の一つとしても指摘される（木地 1960: 76）。しかし同時に、この未分化は、小規模店舗の集積による商業空間と消費者との間に密接な関係を生み出し、店の奥に暮らすという生活形態は一つの家屋を二つの用途によって区分するため、道路に面した店舗は看板建築に改造され、建築的にも売り手による様々な工夫が行われるなど新しい可能性を引き出した。これらの工夫は、都市のなかに独特の商業空間とその景観を作り出すことで特徴的な「場所」を生み出した（水内ほか 2008: 160–161）。このように、日本の商業空間も建築的、都市構造的特徴を持ち、暮らしが生み出す人々の間の伝統的でローカルな近接性を維持する仕組みとして機能してきたが、こうした商業空間は、現在急速に失われつつある。

ある商店街

この町は、明治22年の市町村制の公布に伴って旧町が誕生し、その後、昭和30年に1町5村により現在の町域となった。江戸期から製薬が盛んで、この地を中心に活動した商人によって広く知られる。明治期には綿糸紡績業を背景に発展し、銀行設立や鉄道の開通等により近代化が進められた。町役場は旧城下町、その後、在郷町の中心となった地区に置かれ、役場、郵便局、銀行、高等女学校、幼稚園等の公共施設が、商業空間とともにこの町の中心市街地を構成していた。

この商業空間には江戸期より続く老舗が多く、食料品販売、製薬販売、菓子、履物、旅館等の専門性の高い小売店が集積し、1920年代から30年代にかけて商店街を成立させたと考えられる。町史によれば、昭和7（1932）年にはこの町にデパートの進出計画があったが、これを商工会は全面的に阻止している。

1960年代には、小規模店舗は組合として組織化され、この頃が、この町の商店街が最も繁栄していた時期ということになる。しかし、高度経済成長期の都市化が日本全国で進む1970年代には、商業空間を変容させる都市政策が適用されている。まず、近畿圏整備法（1963年）に立脚して策定されたニューシティ構想を通じて、この町を名古屋と大阪の中間に位置する新都市として開発するプランが策定される。一方でこの町自体は、都市近郊農業による「田園の町」として自らを認識しつつ、同時に土地区画整理事業を行い、新たな市街地を建設するとともに工業団地の建設を開始して新しい町のあり方を模索している。1975年頃には、役場をこの新しい区画に移転し、その周辺に公共施設や住宅地の建設が誘導された。この高度経済成長期に実施された都市開発への要請と都市計画の結果、旧城下町の核には役場跡地としての空地が生じ、中心市街地で営まれていた地域商業活動が衰退化するという状況が生じた。渡辺達朗は、官公庁、総合病院、文化施設、教育機関等などの「公的・準公的な大規模施設が、市街地から郊外に移転するケース」を取り上げ、これらに時代的な背景がある場合も、「より広い視点からみると、都市に外部経済を及ぼしてきた諸施設の消滅という負の外部性を都市にもたらす」（渡辺 2014: 166）と分析している。その典型的な状況が生じたと考えられる。

大型商業施設の参入と退出

1978年には役場跡地への大型店の進出が具体化した。この動きに対して町では「大型店問題対策専門委員会」が組織され、地元商店街は撤回を要求している。町史によれば、出店を認めるものの地元商店の対応体制ができるまで出店を延期すること、商工会との話し合いが終了するまでの間、町と大型店との土地売買契約を延期すること、地元商店の経営について指導と援助を願うこと、の３点を専門委員会による答申書として提出している。しかし、調整は難航し、1982年には役場跡地に３階建の大型店が建設された。ところがこの大型店の運営は続かず、2014年には国道沿いに移転し、結果的に2017年には閉店している。

役場跡地に開店した大型店舗は商店街の経営状態に変化を与えたと考えられるが、その撤退は、さらに大きな混乱を引き起こすことになった。この段階において、商店街組合等から新たな請願書が役所に提出されている。請願書には、商店街側は、地元商業者と協調した営業活動を行うことなどを条件に大型店舗による売り場の増面積を受け入れたが、大型店舗の建設と移設、また閉店の動きは購買者の流れを大きく変えることになった。これに加えて、大型店の出店・閉店を通じて「「まちなか」の姿が再三変わることになり、地元商業者はそれに翻弄されるだけになってしまう」との記述がある[1]。

結果として、この町の商店街は縮小を余儀なくされた。2021年11月から12月にかけて行った聞き取り調査によれば、店舗から住宅への転換は著しい。一部のミニ開発を除けば街並みを構成する戸数自体は大きく変化していないものの、かつては50軒あまりあった小売店は現在４店舗まで減少している。一方で、残った店舗では、地場の産品が販売されている。祭り等を通じて、かつては「場所」との強いつながりを持っていた商店街は、これを構成する

1） この町の町議会請願第８号（平成28年月22日付）。

店舗の経営が新たな世代に引き継がれにくいことや、食生活の変化等に伴い地場の産品を購入する世代が減少する等の状況によって、商店街としての特徴とともに、その特徴であったローカルな近接性も薄れつつあると考えられる。

商業空間――モノの再利用から場所の再利用へ

日本において、都市再生プロジェクトを通じた新たな商業空間の創出は著しい。都市政策や各種の制度、補助金のスキーム、投資、デベロッパーの意向や有名建築家のデザイン、専門的な技術は、つねに新しい商業空間を生み出し、我々に提供し続けている。その一方で、近隣型、地域型商業空間を重要な社会ストックであるとする考え方は、多くの自治体やコミュニティ自身においても不足するようになった。長年放置された日本の商業空間のなかには、十分な魅力を持ちながら、調査の対象とならないまま、すでにその衰退が回復できない状態に至っている事例も多い。

日本の商店街は、専門店を軸とした多様な店舗構成を持ち、布を用いた「日覆い」としてのアーケードの設置[2)]や、看板建築を用いた疑似西洋風のイメージ形成等を通じて、西洋式商業空間の形成初期に、横のデパートを構築した一つのモデルの名残である。このモデルから、1960年代以後には華やかな広域型、超広域型の商業空間が生み出された。モノの販売を超えて発展した商店街は、今後も、ミニシアターや寄席などの文化施設を組み込むことを通じて独特の雰囲気を生み出し、都市空間を構成する一つの重要な要素として人々にアピールを続けると考えられる。

この町においても、若い世代を中心に、近くの農家との連携を図ることで地産地消を目的としたマルシェなどの新しい試みが開始している。商店街は、地縁のなかで従来型の地域商業システムを継続しているところにその良さや特徴があり、マルシェ等を推進する新しいグループにはこの伝統的な地域商業システム自体を刷新していく力がある。多種多様な商業空間が形成さ

2） 辻原万規彦、藤岡里圭（2005）pp.85-92.

れる今日、魅力的な商業空間を生み出すためには、これらのいずれも必要である。イタリアのクラヴァトウーレ地区の事例では、大型の生活協同組合が伝統的店舗とストリートフードという新旧二つのグループを結びつける役割を果たした。かつてデパートとの間の強い葛藤のなかで、小規模店舗が連携してデパートと競合したように、地域商業活動は多様な連携のあり方を模索していく必要がある。どのような連携を実践し、ローカルからトランスローカルへと転回するのか、その検討が必要である。

第7章

都市空間の内的な再生

クアルティィエレと福祉地区計画

イタリアにおける伝統的な社会保障は、三部門――社会保険、保健制度、社会的援助（社会福祉）――より成るとされる[1]。第二次世界大戦以後、社会保障制度は垂直的で官僚的な体制を通じて運営されてきたが、ボローニャ大学のアルベルト・ザナルディら[2]は、このうち保健および社会的援助（以下、社会的援助等）の制度に関してこれまでに少なくとも３度の大きな改訂が行われたとしている（Zanardi (ed.) 2015）。

まず、最初の改革は、1978年12月23日法律第833号に基づく国民保健サービス制度の導入である[3]。これにより、コムーネあるいは自治体間連携の管理権限下で、人口５万人から20万人までの領域を一つのユニットとして活動する地域保健機構（Unità Sanitaria Locale：USL）が全国に設置された。続く1983年12月27日法第730号では、USL を通じて提供される各種サービスにおいて保健分野と社会的援助分野を相互に結び付け、法制度、組織化の観点からこれらを一体的に提供する社会政策化への模索が開始された（Zanardi 2015: 73）。

次に、1992年12月30日立法命令第502号によって行われた第二の改革は[4]、支出の合理化を目的とした主に財政面からの改革であり、医療サービスの最低水準を上回る医療については非画一化が導入されたとされる（小島ほか 2009: 169）。また国の直轄組織 USL は、この際、州の公社 AUSL（Aziende Unità sanitaria locale）へと移行し、事業方針、組織運営指針の策定ならびに予算および事業内容等の決定権限を持った。この組織は、原則として県域を対象に設置され（県域内はさらに人口６万人を基準とする複数のサブ地区に区分

1） 小島晴洋は、イタリアの社会保障体系を伝統的な三部門――社会保険（previdenza sociale）、保健制度（sanità）社会的援助（assistenza sociale）――から構成されるとする。社会保険とは年金、労働災害、失業、家族給付等であり、これに対して社会的援助は児童・青年、家族、高齢者、障害者を対象に、物質的貧困等の困窮状態の予防ないし除去を目的とする（小島ほか 2009: 60–65）。

2） Zanardi, A. (ed.) (2015)

3） Istituzione del sevizio sanitario nazionale.

4） Riordino della disciplina in materia sanitaria.

される[5]）、全国で一律の保障を担保する「扶助必須レベル（LEA）」や「国家保健計画」（Piano sanitario nazionale）に基づいて運営された[6]。

上記に伴い、州とコムーネの役割についても変化が生じた。1978年の法では州が地域プログラムを作成し、コムーネはUSLについての実質的な監督権限を持っていた。しかし、1992年の改革によってAUSLは州の組織となり、病院等に関する監督権限が州に置かれる一方で、社会的援助に関する権限はコムーネに委譲された。その結果、いずれのサービスに関してもその実務はAUSLが担うものの、権限や予算事務は州とコムーネに分割され、両分野の統合化はいったん後退する結果となった。ザナルディらは、特に保健分野に関する国から州への権限移譲は、州や自治体間の組織的あるいは経済的な相違を要因として、各地で不平等を生じさせたと指摘している（Zanardi（ed.）2015: 75）。

1980年代から1990年代にかけては、ボランティアに関する枠組み法（1991年）、社会的援助に関する社会的協同組合法（Cooperativa sociale）（1991年）、子どもの諸権利と機会の保障法（1997年）等の多くの社会政策関連法が制定され、各種の規制や優遇措置が確立されるとともに[7]、医療や福祉の専門的な業務に関する担い手育成の体制が強化された。

5）　AUSLあるいはASLは、（小島ほか 2009: 83）では地域保健公社と訳されている。県域を対象とする点については、小島晴洋（1999）p. 169. エミリア・ロマーニャ州の場合、ボローニャ大都市圏内はボローニャ地区とイーモラ地区に区分され、それぞれの地区に対応する二つのAUSLが設置されている。パルマ、ピアチェンツァ、レッジョ・エミーリア、モデナ、フェッラーラは、それぞれの広域自治体の範囲に一つのAUSLが設置される。ラヴェンナ、フォルリ、チェゼーナの３広域自治体によって構成されるロマーニャ地区は、AUSL Romagna（ロマーニャ）一つによって対応される。

6）　LEAの日本語訳は、小島ほか（2009）による。現在は、パンデミックからの脱却を目的とした「再興・回復のための国家計画（PNPR）」に基づき、2022年５月23日通達第77号および2022年６月22日通達第144号を通じてLEAの改定が行われている。そこには、たとえば、24時間対応型の診療機関としてのコミュニティハウス（Casa della Comunità）の整備や住宅と病院の中間に位置づけられる入院施設を伴う診療所などの整備が盛り込まれている。

7）　ここに示す法律名の日本語訳は以下を用いた。宮崎理枝（2002）「福祉改革法（2000年11月８日法律328号）にみるイタリア高齢者福祉サービスの可能性と問題点」『社会福祉研究』第85号 pp.101-107。

社会的措置・サービスの統括システムを実現するための枠組み法

現在の社会政策を規定する3度目の改革は、1999年6月29日立法命令第229号により開始される[8)]。これにより、本分野に関する州および地方自治体への分権がさらに促進され、支出の合理化が進められるとともに[9)]、多元的な方法を用いた保健分野と社会的支援分野の統合が実現した。この統合されたサービスは、一般に「社会サービス」と呼ばれる（Zanardi (ed.) 2015: 76）。

2000年に、イタリアの「社会福祉サービス運営システムの構造を変える革新的な柱」（小島ほか 2009: 10）となる「社会的措置・サービスの統括システムを実現するための枠組法」（以下、社会福祉基本法）が制定された[10)]。この法律は、従来の支援対象に加えて、貧困その他の社会的困難に直面する対象について包摂の観点から新たな支援措置を導入したものである。また、コムーネへの権限の委譲と関連部局の水平的、垂直的連携の強化を進めたほか、IPABの再編[11)]、サードセクターや家族および相互扶助組織の役割、それぞれの組織活動の地域的な統合、社会サービス憲章の導入、自立支援等（Zanardi (ed.) 2015: 81）等の内容を明確にした。社会サービスとは「無償有償のサービスの整備と分配、または人がライフコースにおいて遭遇するような、援助を要する困難な状況を取り除き克服する目的を有する経済的給付の整備と分配に関するすべての活動」（社会保険システム・保健医療システム・司法活動によって保障されるものを除く）とされる（小島ほか 2009: 318 注1）。

社会福祉基本法の成立により、社会サービス分野におけるコムーネの権限は強まり、公民協働やサードセクターの参入を進めて、サービス提供体制の「統括システム」化を図るという実施レベルの業務がコムーネに集中することになった。社会福祉法を背景とした社会サービス概念の導入に伴い、各コムーネはその提供体制の構築を進めただけでなく[12)]、コムーネとAUSLとの

8） Norme per la razionalizzazione del servizio sanitario nazionale.

9） 社会サービス分野は州の排他的立法権に属し、医療保健は、国と州の競合的管轄事項である（小島ほか 2009: 103）。

10） 2000年11月8日法律第328号の法律名の日本語訳は、小島ほか（2009）を用いた。

11） IPABとは、「公法人化された公的援助慈恵団体」である（小島ほか 2009: 10）。

共同体制に依拠して、従来の社会的措置システムに貧困や居住等に関する新たな支援を付加するため、法律、制度、財政、専門的観点から過去の事業内容を見直し、重複あるいは相矛盾する可能性のある個々の事業内容について横断的な検討と調整が図られた（Zanardi（ed.）2015: 79）。

労働・社会政策省は、社会福祉基本法に基づき、「社会的措置と社会サービスに関する計画（Piano nazionale degli interventi e dei servizi sociali）」を策定している[13)]。2021年から2023年を対象とする現行の計画では、社会政策の観点から教育、文化、住宅、労働等に関する総合的な措置内容を提示し[14)]、無料でサービスを受けることが可能な「社会サービス」に関する扶助必須レベルLEPS（Livelli Essenziali delle Prestazioni in ambito Sociale）の内容を明らかにした。LEPはLEAとは別に高齢者や身体障害に対する支援として1992年の立法命令を通じて定められた扶助必須レベルであるが、LEPSは、これに社会的な諸課題に対する支援、すなわち生活の質、機会の平等、差別等に関連する支援内容を付加し、より総合的なサービスの保証を明示したものである。また、労働・社会政策省は、LEPSを地域レベルで達成されるべきものであるとして、「社会サービス提供システムの構築は、コミュニティのレジリエンスを高めるうえで重要であり、このシステムは、人々の近接性（prossimità）あるいは地域コミュニティの一部として成立する」必要があると述べ、このシステムをコムーネの業務に統括するとした。ここでは、いわゆる共助（solidalietà comunale）の必要性が強調され、医療、保健等に関するサービスだけでなく、就業、教育、住宅分野等との政策統合に基づいて行われる貧困や差別等に関連した総合的な社会サービスの供給が、社会連携に基づく柔軟なコミュニティ活動通じて実践される形を、一つの地域福祉モデ

12）「社会サービスの政策（politica dei servizi sociali）」としての「社会政策」という概念を確立した（小島ほか 2009: 102）とされる。

13）L. 8 novembre 2000, n. 328, legge quadro per la realizzazione del sistema integrato di interventi e servizi sociali, prevede, all'art. 18, che in Governo predisponga triennalmente un Piano nazionale degli interventi e dei servizi sociali.

14）Ministero del lavoro e delle politiche sociali (2021). Piano Nazionale degli Interventi e dei servizi sociali 2021–2023.

ルとしていることがわかる。

以上のように、社会福祉基本法が推進した方向は、サービスの統括システム化をその質の観点からも監理の観点からも進め、これらに関する総合的な業務をコムーネに集約したと考えられる。したがって、一方でこの法律は、医療・福祉分野に関する国等の公共セクターによる関与を段階的に減少させ、サービスの社会市場化や現場におけるガバナンスの大規模な再編を進めるという結果をももたらした（カンパニーニ、フォルトゥナート 2019）。

サードセクター

社会福祉基本法は、コムーネを軸に社会サービス分野における中心的アクターとして、サードセクター（Enti di Terzo settore）および民間部門に属する多様なアクターに注目し、これらの社会サービス分野への参入を加速させた[15]。労働・社会政策省は、参加や連帯に依拠して活動し、社会的、文化的な活動基盤を持つ営利を目的としない組織について、国、州、基礎的自治体等への登録を進めている。また、営利目的ではなく、相互扶助（reciprocità）に基づいて実施されるサードセクターによる活動を社会的経済と定義し[16]、この分野の参画を活性化するため、法を通じてサードセクターに関する諸事項を整理した[17]。

法による新たな整理では、サードセクターとは、ボランティア組織、社会活動を目的としたアソシエーション、慈恵組織、社会的企業（社会的協同組合を含む）、アソシエーションネットワーク、相互救助組織によって構成される[18]。このうち中央行政、地方公共団体、学校、大学、企業等との連携を前提として活動する社会的企業（社会的協同組合を含む）の活動領域を、表1

15） サードセクターについては、cf. 小島ほか（2009）pp.107-114.

16） https://www.lavoro.gov.it/temi-e-priorita/Terzo-settore-e-responsabilita-sociale-imprese/focus-on/Economia-sociale/Pagine/default.aspx

17） 2016年6月6日法律第106号 Delega al governo per la riforma del Terzosettore, dell'impresa sociale e per la disciplina del servizio civile universale.

18） 2017年7月3日立法命令第112号 Rivisione della disciplina in materia di impresa sociale.

表１：社会的企業

a）社会サービス分野：社会福祉基本法に基づく
b）医療分野
c）社会－医療分野
d）教育分野：2003年３月28日法律第53号に基づく
e）自然、自然資源保護分野
f）文化遺産、景観分野：2004年１月22日立法命令第42号に基づく
g）大学、ポスト大学教育分野
h）科学研究分野
i）文化、リクレーション、ボランティア分野
j）放送、音響分野：1990年８月６日法律第223号に基づく
k）観光分野
l）生涯学習分野
m）社会的企業やサードセクターに対する技術的サービス分野
n）協働分野：2014年８月11日法律第125号に基づく
o）商業活動、商標、商業ネットワーク、条件不利地域における生産者に対する商業的支援、生産者支援等に関する分野
p）就業、復職支援分野
q）社会住宅支援分野
r）社会包摂分野
s）マイクロファイナンス分野：1993年９月１日立法命令第385号に基づく
t）社会的農業分野：2015年８月18日法律第141号＊に基づく
u）スポーツ分野
v）公共財の改善分野

出所：注18に示す法律第２条に基づき筆者作成
＊社会的農業とは、農業従事者個人やグループへの就業支援およびハンディキャップを持つ人の農業就業支援、医療分野での農業の活用や環境教育に関する農業活動等を指す。

に示した。[19]

協同組合の研究者として知られるパトリツィア・バッティラーニは、近年

19）　各分野に関する日本語訳は筆者による。

の社会的協同組合の活動を例にあげ、社会サービスは協同組合において成功した分野の一つではあるものの、その活動内容は一般の福祉系企業と同型のものであることを指摘している（Battilani 2017: 210）。一方で重視されているのは、協働組合がもともと相互扶助に基づいて発展した組織であるという点である[20]。イタリアの協同組合にとって相互扶助性の実現は、自らの社会的責任に重なるテーマであり（Battilani 2017: 217）、したがって、協同組合の活動は福祉分野に限定的なものではなく、表1に示すように社会サービス分野の広範な領域をカバーするものとなっている。

福祉地区計画

ここまで確認してきたように、社会福祉基本法を通じてコムーネは、ローカルレベルの社会サービス供給体制において決定的な役割を果たすこととなった。コムーネは、社会サービスに関する各種の計画策定や事業化とともに、人的なネットワークの形成や詳細なローカルシステムの構築、社会サービスの供給、許認可、監理、組織間のコーディネート、住民参加やサービスの質的なコントロール等の業務を担っている。社会福祉基本法は、また、このほかにも生活の質的保証や就労における機会均等、差別の撤廃、個人や家族に生じる生活困難等に関する課題にも言及しており、コムーネは、排除に関する幅広い支援も行っている。しかし、これらすべての分野に関して社会サービスを実践していくためには、コムーネ内において地域の住民活動やボランディア活動を活性化させ、病院と地域との連携を構築し、支援に関するチームを形成（様々な組織や専門家の連携体制）することによって、多面的なアプローチを通じた事業の支援、実践活動が必要となる。

支援に関与する様々なアクターは、どのように「統括システム」を構築するのか。この点に関して社会福祉基本法は、社会サービスに関する具体的な施策を把握し、これらを包括的に実践していくために「福祉地区計画（Piano

20） 協同組合における社会参画については Battilani, P. (2017). pp.209-248.

di Zona)」（第19条）を導入している（Zanardi（ed.）2015: 84)。コムーネは、国、AUSL、州の計画を枠組みとして具体的な事業プランを組み立てる必要があるが[21]、福祉地区計画を共同で策定することにより、事業プランを多様なアクター間で共有することができる。これによって計画は具体的な実行性を持つ。このため、福祉地区計画には、具体施策、事業内容、予算等が明記される。福祉地区計画は、コムーネ、AUSL、サードセクターを中心に、住民が参加して策定する参加型計画として位置づけられている。

アクター間の合意を進めるため、各種事業において実践活動を行う行政、病院、専門家集団等はプログラム協定（Accordo di programma）を締結する。プログラム協定は、福祉地区計画を軸に、活動する公民アクターが緩やかに統合していくことを促し、実践活動を通じた社会サービス（従来の保健サービスと社会的援助の統合）に関する具合的な提供体制を自律的に創出していくという目的を持つ（Zanardi（ed.）2015: 87)。つまり、福祉地区計画に基づきプログラム協定を結ぶプロセスにおいて、協定に参加するそれぞれのアクターは、特定地域の実情や課題を確認しながら協働し、その過程でアクター間の自律的で相互連携的な組織化が促される。ここで生み出された連携体制が地域で行われる介入やサービスの体系を決定づけていくことになる（Zanardi（ed.）2015: 86)。こうした仕組みを通じて供給される社会サービスは、所得補償、居住支援、教育、児童、青年層、女性、障害者等を対象としたあらゆる分野に及んでいる。

ボローニャの福祉地区計画

ボローニャ（コムーネ）においても、福祉地区計画が策定されている[22]。AUSL の領域となるボローニャ大都市圏（旧ボローニャ県）は、ボローニャ

21）エミリア・ロマーニャ州では、Servizio politiche sociali e socio educativo, Regione Emilia-Romagna, Direzione generale cura della persona, salute e welfare.（2017）. Il piano sociale e sanitario della regione emilia-romagna.

22）Comune di Bologna（2018）, Piano di zona. Per la salute e il benessere sociale, 2018–2020. Il contesto, il percorso, le priorità. Distretto città di Bologna.

AUSL とイーモラ AUSL の二つに区分されているが、このうちボローニャ AUSL の内部はさらに六つのサブ地区に区分され、その範囲は、ボローニャ大都市圏を構成する自治体間連携組織に対応する。六つの自治体間連携組織のうち、中枢市となるボローニャ（コムーネ）では、コムーネの領域はさらに6地区に分割されている。この最小単位としての6地区は、クアルティエレに対応している。つまり、各クアルティエレは、地域福祉の単位として福祉地区計画を策定することになる。

クアルティエレの福祉地区計画には、人口構成や社会経済的観点からの脆弱性の分析内容が明記され[23]、これに基づいて必要となる事業プランが編成され計画が策定される。計画策定に対する住民の参加は、まちづくりと同様、クアルティエレ・ラボラトリを通じて行われる。計画策定に参加する組織は、政策を立案するコムーネの行政組織、地域活動を支援する専門家組織(コムーネの専門家、AUSL 等)、実践活動を担う多様なアクターの三つのグループによって構成されている。このうち実践活動を担う多様なアクターとは、教区、社会的協同組合、その他の NPO 等の住民活動を主体とするグループである。また、社会サービスに関与する行政や専門家グループは、事業プランの検討や福祉地区計画の策定に対する参加や討議を通じて、行政的あるいは専門的観点から地域の要望を理解し、財政的、専門的観点からサポートすべき課題を把握していくことになる。したがって計画策定への参加は、行政、専門家、住民の共同計画化の一つとして認識される。結果として福祉地区計画の策定は、地域福祉政策におけるクアルティエレの役割を強化し、統合的な地域福祉の推進を目的とした包摂の新たな実践ツールとして、複合的な戦略を内包した多様なアクター間の近接性を創出することになる。

コラムを通じて、後述するアルツハイマー・カフェが実施されるナヴィー

23） たとえば近年、ボローニャではコムーネ域内における社会的変化は顕著となっており、現在のところ人口38万9236人（2018）の構成は、15歳以下：11.8％、15～64歳：62.8％、64歳以上：25.4％で80歳以上の構成はおおむね10％である。また単身世帯が増加し、その割合は市民の51.6％に及んでいる。貧困や排除の課題も増加傾向にあり、外国人居住者、若年層のひとり親世帯などとともに、賃貸世帯、低所得世帯（平均の6割以下）の増加が課題となっている。

レ地区の場合、本地区には高齢化の単身世帯が多い。また外国籍であることにより、社会的葛藤を抱える世帯や経済的な脆弱性を抱える世帯等も数多く確認される。本地区における課題の８割以上が、高齢者および子供を抱える若年層に集中しているとの分析がある。このため、老人の孤独・孤立問題への対応や、公営住宅内での社会関係の再構築等に関連した支援が優先的に行われる必要がある。事業プランの中には、共同計画化を通じた社会関係構築の機会創出、居住地区における社会関係の再生、また、介護者を必要とする世帯の抽出、公共・半公共空間の改善並びに活性化等に関連する事業が組み込まれている。

先に紹介したインスタービレ・ポルタッツァはサヴェーナ地区に属するが、この地区に優先される事項は、孤立の防止や生活困難な単身者の支援、コミュニティ形成、若年層の支援等である。この地区の福祉地区計画には、世代を超えた文化活動や、社会センター（現在のインスタービレ・ポルタッツァ）を用いた社会・文化活動、街路でのイベント、緑地の管理などが列挙されており、インスタービレ・ポルタッツァの活動が、都市政策における都市公共財の共同管理という観点からだけでなく、社会政策の一部として人々の参加を促し、孤立を防ぐ活動であるとともに、社会関係の構築を目的として運用されているということがわかる。

クアルティエレ・ラボラトリを通じたコミュニティへのアプローチ

カーボンニュートラルやシェアリング・エコノミー等の地域環境管理に立脚した環境再生が生み出す幅広い広範なネットワーク型の近接性に対して、社会サービスの供給を目的とした地域における連携は、都市の内的な再生という観点から、身体的な近さや精神的な近さを重視した近接性を創出するものとなっている。クアルティエレを軸に展開される社会サービスに関連したアクター間の関係構築において重視されているのは、専門機関や住民活動による個人へのサポートを都市のガバナンスシステムの網目のなかに位置づけているという点である。ここでは、地域自治組織に立脚した「協同型の公共サービスを整備する」（槌田 2020: 227）体制づくりが進められている。クアルティエレは、まちづくりとともに社会サービス提供の核ともなっており、共同計画化を通じて策定される福祉地区計画は、都市政策と社会政策による政策統合の一つの成果として地域自治組織としての各クアルティエレが策定するクアルティエレ施策計画とも具体的な形で連動している。

ボローニャのクアルティレは、地域環境管理における住民の拠点だけでなく、社会サービスの提供体制構築を通じたコミュニティ形成の観点からも一つの地域的拠点として成立していることがわかる。

Column（6）アルツハイマー・カフェ

アルツハイマー・カフェ

福祉地区計画に関連して、クアルティエレで進められる活動として実践されるアルツハイマー・カフェの一つを訪問した。この活動については、ボローニャ住民用サイトを通じて情報を得て[1)]、曜日と時間帯に区分されたリストの中から訪問可能な日時を選び予約なしの訪問を試みたものである。こちらの意図をご理解いただき、カフェに参加させていただくことができた。

アルツハイマー・カフェの活動を運営しているのは一般のご夫婦で、この地区に暮らしているということであった。自分の母親がアルツハイマーになったことをきっかけとして活動を始め、場所は教会に協力を依頼してその一室を使っている。水曜日の朝９時30分から11時までの活動で、参加者は15名程度であった。参加者は自立的な生活を続けているが、それぞれ何らかの課題を抱えている。活動の前半は、NPO の一員として専門的に認知症のサポートに携わるピエラ・カヴァトルタ氏（dott.ssa Piera Cavatorta）が参加し[2)]、会話を通じたコミュニケーション活動を行った。後半は、皆で歌を歌い、ダンスをするなど、相互交流を深める取り組みが行われた。

扶助必須レベルのサービスを超えて

現地視察後、専門的な指導を担当していたピエラ・カヴァトルタ氏の自宅でインタビューを行った。ここに記載する内容は、了解を得たものである。

カヴァトルタ氏は個人で活動を行う専門家としてコムーネに登録し、アソシエーション（Associazione Non Perdiamo la Testa）の一員となっている。このアソシエーションは、精神的なバランス、認識能力の維持や回復、認知症等の観点から、本人やその家族の生活のクオリティを高めことを目的とす

1） https://www.comune.bologna.it/servizi-informazioni/accedere-caffe-alzheimer

2） 教育分野の専門家である。

る組織として、サン・オルソラ大学病院の老人医療専門医を代表に2009年に設立された[3]。専門医のほか、精神医療、教育分野の専門家とボンランティアから構成される。カヴァトルタ氏は、この組織のアルツハイマー部門の責任者である。

彼女は今回訪問した箇所のほかに、2ヵ所を運営している。アルツハイマー・カフェに行くということを喜ぶ参加者はいないため、この活動を「お家の外にご招待」と呼んでいる。筆者が訪問したカフェでは自立型の参加者が多かったが、ほか2ヵ所では、家族同伴でなければ参加できない参加者がほとんどだとのことであった。このためカヴァトルタ氏は、本人と家族という二つのグループに対して、それぞれサポート活動を行っている。パンデミックの間は電話でサポートを続け、その作業負担は膨大なものになる。しかしこうしたサポート作業は必要不可欠なサービスとしては認められず、報酬はこれに適応したものにはなっていない。

カヴァトルタ氏は、在宅型の支援についてその可能性を模索しているが、認知症に関する予防とケアは、現在のところ扶助必須レベルには含まれていない。したがって、現状ではそれぞれに課題を抱えた家族が相互に連携し、情報を交換しながら連帯を促進する自律的相互扶助（auto mutuo aiuto）の段階にあるとのことであった。将来に向け、この分野に関しても、制度化された専門的サポート体制の構築が必要ではないかと指摘していた。

カヴァトルタ氏によれば、日本においても広く紹介されている社会的協同組合は比較的大きな組織で、また扶助必須レベルサービスを扱うために、コムーネやクアルティエレとの協働が進みやすい（従来無料であったこれらのサービスのなかには有料化したものも多くなっている）。しかし、一方で、社会的協同組合の仕事には限界がある。組織が大きく柔軟な対応ができないため、コムーネやクアルティエレとの間で契約対象となる扶助必須レベルの作業は業務として行うが、予防的な措置や家族のサポートなどは扶助必須レベルには含まれていないため、具体的にいえば、契約したサービスが終了すれ

3） NPO法人のサイト https://www.nonperdiamolatesta.it/

ば、他のサービスを必要とする利用者を放置した状態であっても業務は終了することになる。

社会サービスには、扶助必須レベルに含まれないサポートにも重要なものが多く、結果としてこれらは、アソシエーションやボランティアセクターが無償で行うことになる。カヴァトルタ氏が参加するアソシエーションの場合、認知症の予防的措置としてこのサービスを利用する参加者は有料である。これにより、組織は運営されている。しかし、一方で地域からの要請によって開催するアルツハイマー・カフェ（扶助必須レベルのサービスではない）のようなケースでは、その活動はボランティアとなり、場所も町の教会など無償の場所を用いるなどの様々な工夫を行う必要がある。クアルティエレに対する専門的な支援も、扶助必須レベルのサポートについては行われるが、財政的に厳しいため、必要性は認めていても、それ以外のサービスに対して深く関わることはできない状態にある。

コロナ前のイタリアのデータでは、社会サービス分野に関するコムーネの歳出のうち、家族、児童支援分野（38.2％）が最も大きな割合を占め、続いて、障害に対する支援（25.9％）に老人福祉（17.9％）が続いている。しかし、大都市圏が形成される北東部に限定すると、障害者支援と老人福祉ではその割合が逆転している[4）]。これは、全体として大都市圏に単身の高齢者世帯が多いことが関連すると考えられるが、低所得者層の増加に対する社会サービスの有料化は、社会サービスからの排除を生む要因となっており、老人福祉支援に関しても、居住支援、生活支援と連携した総合的な制度構築が不可欠となっている。クアルティエレはその一部を担ってはいるが、その内容は必ずしも住民のすべてのニーズに合致するものにはなっていない。

数日後に、カヴァトルタ氏から連絡があり[5）]、ボランティアセクターの活動として、2022年８月よりケア・ギバー制度が開始したとのことである。この仕組みでは、自立が困難な住民に対して登録したケア・ギバーが孤立した高

4） ISTAT (2020). La spesa dei comuni per i servizi sociali, Anno 2017.

5） 2022年９月21日のメール。

齢者などのサポートを行う。対象には教育活動のほか、人間関係（感情面でのサポート）などを含む。すなわち、認知症の家族支援のように、扶助必須レベルではサポートできない多くの人たちへの細かい支援を、ボランティアセクターの介護者が担う仕組みである。

カヴァトルタ氏は、コムーネのこの新しい社会サービスを通じて、少しでも状況が改善されることを期待するとメールに記していた。

まとめにかえて

本書では、住民の参加をより直接的なものへと転換していくことにより、新しい近接性の観点から都市再生の質を検証するボローニャの事例に関して、環境の再生とコミュニティの再生に関するいくつかのテーマを抽出し、それぞれについて検討を行ってきた。クアルティエレを軸に多様なサードセクターがソーシャル・イノベーションを推進する動きについて、以下のようにまとめることができる。

一つは、都市政策と環境政策の統合によって実践される都市再生を通じた環境再生へのアプローチである。ボローニャの都市政策において、環境戦略は明らかに都市計画の上位規定となっている。第3章あるいは第5章で示したように、持続可能エネルギーと地球温暖化対策に関する計画は法的な規制力を持つものではないが、州計画や、大都市圏の環境に関するボローニャ憲章が掲げる努力目標に基づき、将来的な改善の可能性を示したものである。気候変動対策を夢物語ではなく具体的に実現するためには、州が抽出するすべての分野において、政策目標を具体化するための規制、誘導等に関する包括的なアプローチが必要となる。気候変動対策に実効性を持たせるため、コムーネは、州の都市計画法（2017）が、1）土壌の保全、2）環境再生、3）生物多様性保護、4）農地保全、5）歴史、文化の保全、6）生産環境等の刷新、7）再利用を、都市政策の骨格としていることを根拠に（井上 2021: 167）、州法に立脚して都市計画の詳細規定に気候変動に関する緩和適応策を組み込んだ。これにより、都市計画に基づいて実施されるすべての都市再生事業は、環境再生を実現する計画的、実践的手段として位置づけられることになった。

大都市圏中枢市ボローニャの都市計画内容は、大都市圏を構成するその他の自治体間連携の連携型都市計画に影響を与える（井上 2021）。結果として、大都市圏内の各所で行われる都市再生事業は、総体として地域のあり方を環境保全型へと転換していくことになる。また、都市計画の内容は、クアルティエレの施策計画に反映される。施策計画は、住民活動の方向性を決定する。こうして多様なアクターが担う活動は、コムーネが推進する環境再生の一角を形成するだけでなく、クアルティエレで行われる一つ一つの住民による実践活動を通じて地域環境管理体制の構築が実現されていくことになる。都市再生を通じた気候変動対策は、サードセクターや多様なアクターによるネットワークを生み出しながら、自転車やトラム、グリーンハウスや再生エネルギー・コミュニティなどに関連する新しい経済活動を開拓し、社会的経済を活性化させながら、社会経済的な地域の構造を変えていくことにもつながっている。

もう一つは、都市政策と社会政策の統合によるコミュニティの再生に向けた内的な都市再生へのアプローチである。福祉地区計画に確認されるように、生活の質を決定する社会サービスの提供等に関連する多様なアクターは、様々な社会的企業やコミュニティ型協同組合等の動きを生み出している。コラムでアルツハイマー・カフェの内容を紹介したように、個々の場で行われている活動内容自体を日本の事例と比較しても、顕著な相違が確認されるわけではない。アルツハイマー・カフェは非常に日常的な空間で行われ、地域密着的であり、医療先行型の特徴を示すものではなかった。一方で、これらの活動の背景となる制度に関しては多くの先駆的な特徴が認められる。たとえば、住民と専門家および行政が連携して福祉地区計画を策定する経緯では、地域の課題に対する聞き取りやクアルティエレ・ラボラトリを通じたコミュニティレベルでの討議が行われている。

日本においても、社会福祉事業法等の改正に伴い、社会福祉法に、市町村地域福祉計画および都道府県地域福祉支援計画の策定が規定されている。しかし、森本佳樹の指摘では、地域福祉計画の策定が、地域住民や関連団体の参加や関与に基づき「日常生活圏域（＝コミュニティ）単位で策定されることが望ましい」（森本 2017: 539）にもかかわらず、日本の実情は縦割りで住民参加を育む環境が不足しており、「その過程に地域住民が参加しやすいような環境を創出」（森本 2017: 539）することが早急の課題となっている。ボローニャでは、クアルティエレが本分野の核として活動を行うなかで、段階的な制度改革が実施された。クアルティエレを通じて行われる社会サービスには、資金の不足や必須扶助レベルという限界がある。しかし、クアルティエレ・ラボラトリを用いて各段階に地域住民や専門家等による団体が参加し、相互の直接的な討議を前提としてコミュニティレベルで策定される計画は、その行為自体を通じて地域に近接的な関係を構築すると考えられる。

ボローニャが主張するソーシャル・イノベーションについては、現代的都市問題、すなわち、生物多様性保護や気候変動対策、再生可能エネルギー政策、持続可能な交通政策等の解決を目的として総合的に推進される社会変革の実践スピードの速さが顕著である。土地消費（市街地開発）に対する法による規制や都市農地の保全という問題だけでなく、トラムの建設、自転車道の設置や電気バス化などの事業はすべて、補助システムに基づいたスケジュールの都合とはいえ、2026年までに実現が検討されているものである。これに加えて、市街地を対象とする街区を単位とした分散型エネルギーシステムの構築や再生エネルギー・コミュニティの実践等は、協同組合等を通じ新しいビジネス分野としてその導入が推進されており、州内各地でシンポジウムやセミナーが次々と開催されている[1]。これらの事業は、単に社会基盤を建設すればよいだけでなく、住民生活がこの急激な変化に納得し、対応していくことを前提としなければならない。こうした観点からもクアルティエレは、住民参加や討議の場の構築を通じて社会的役割を果たしていると捉えることができる。

こうした社会改革のスピードが、住民にとってストレスになるようなものではないのかという問いに対してガベッリーニ名誉教授は、むしろ住民の要請に対して都市行政による対応の方が遅れてきたのだと返答している。カーボンニュートラルに関して現在検討されるボローニャの様々な取り組みは、1990年代に住民のグループから発した複数の要望が発展して政策化したものであり、当時のコムーネの環境政策担当は、住民活動に後押しされることによって、欧州レベルの数々のプロジェクトを実施していった。トラムに関しても、交通問題はボローニャの弱点ともいうべきにものであったため、市民はすでに10年余り前から都市行政に対してつねにその改善を要請してきてい

1） e.g. https://legacoopromagna.it/2022/06/13/comunita-energetiche-cooperative-il-convegno-di-legacoop/

る。今回、初めて資金がつくことで、実践の可能性が高まったわけである。インタビューにおいてガベッリーニは、1990年代から現在に至るおよそ30年余りの間、環境改善を都市行政に対して要請し続けてきた住民は、したがって、この新しい社会改革にストレスを感じることはないと断言している。背景には、この地域を特徴づける地域的な連帯と並行して、ボローニャの都市政策が、地区自治とともに自由な連帯の形態によって再定置（山田 2008）され、トランスローカルな新たな広がりを持つ人々の参加を促進しているということがある。

日常的に広場やクアルティエレの一角あるいは住民センターなどに人が集まりコミュニケーションを図る情景は、社会関係資本に関する議論と結びつく。しかし、こうした問題設定から離れたとしても、都市のあらゆるところで人と人がつながっている様子は、社会的な景観である。人が集まり日常的な政治的議論を交わし、公的な意思決定に繋がる多様な議論を生み出すこれら「共同の場所（luoghi comuni）」（Paba 1998）は、住民の暮らしによって形成された都市空間を特徴づけるものである。こうした場所を破壊する都市再生は、住民による複数の検証プロセスを通じて回避される。

都市公共財の管理や市民参加型予算の策定等といった試みは、小規模に区分された様々な共同の場所に立脚し（place-based）、それぞれの場所に積層する分節化された日常的な都市政策的課題を、住民自らがローカルあるいはトランスローカルな近接的関係を築きながら、解決していくプロセスであるということがわかる。都市再生プロジェクトの計画立案段階から事業実施後の管理まですべてのプロセスに住民が参加し、共同の場所の形成に関わり続ける。ボローニャの場合には、こうして、小規模だが多くの都市再生があらゆる地区で実施されることになる。

＊

今回の我々の検討は、実際にはボローニャという中規模都市の都市再生を検討したに過ぎないものである。イタリア諸都市は、州によってその現実が大きく異なることから、ボローニャの都市再生に関する様々な調査結果がイタリア全体を示すものにならないことは十分に認識している。しかし、ミラノやボローニャ、あるいはトスカーナ州のいくつかの都市で行われる都市内分権や住民参加の手法、あるいは地域環境保全、社会サービスに関する様々な試みは、イタリアにおいて一つの目指すべきモデルを構成しており、無視できない重要性を持つものである。特にボローニャのそれは、EU レベルの一つの事例として捉えることができる。

イタリアの都市政策に関しては、歴史的都市や景観の、しかも古さや美しさを保存するという側面が強調され、現代的な都市問題に関して日伊の間に多くの類似点（あるいは相違点）が存在しているにもかかわらず、イタリア諸都市が今日的な都市政策研究の対象として位置づけられることはこれまでほとんどなかった。本書は、こうした日本におけるイタリア都市政策研究に対して新しい視点を強調するものでもある。3名のイタリア人研究者（特にパトリツィア・ガベッリーニはイタリアを代表する都市計画家の一人であるが）による論考が示す主題の広がりが、こうした可能性を開くものとなっている。

＊本書は、追手門学院大学プロジェクト型共同研究奨励制度による助成を受けた刊行物である。

引用・参考文献

■序章

井上典子（2021）『イタリア現代都市政策論――都市－農村の再編』ナカニシヤ出版

小原隆治（2010）「地域と公共性」齋藤純一編『公共性の政治理論』ナカニシヤ出版，166-185.

大西隆（2004）『逆都市化時代――人口減少期のまちづくり』学芸出版社

小泉秀樹（2015）「多世代共創コミュニティ形成に向けた空間戦略」日本計画行政学会『計画行政』38（4），3-8.

齋藤純一（2000）『公共性』岩波書店

齋藤純一（2020）『政治と複数性――民主的な公共性にむけて』岩波書店

齋藤純一（2010）「公共的空間における政治的意思形成――代表とレトリック」齋藤純一編『公共性の政治理論』ナカニシヤ出版，100-120.

重森暁（2005）「グローバル化時代の都市経営」植田和弘，神野直彦，西村幸夫，間宮陽介編『岩波講座　都市の再生を考える　グローバル化時代の都市』岩波書店，227-256.

篠原一（2004）『市民の政治学――討議デモクラシーとは何か』岩波書店

篠原一編（2012）『討議デモクラシーの挑戦――ミニ・パブリックスが拓く新しい政治』岩波書店

ソジャ・エドワード（2019）「地域の強調」ハンス・ウェストルンド，ディグラン・ハース編著『ポストアーバン都市・地域論　スーパーメガリージョンを考えるために』小林潔司監訳，堤研二・松島格也訳，ウエッジ，237-251.

田中夏子（2005）『イタリア社会的経済の地域展開』日本経済評論社

中田晋自（2021）「「近隣民主主義」の理念と住区評議会制」大内田鶴子，鯵坂学，玉野和志編著『世界に学ぶ地域自治』学芸出版社，126-142.

平野泰朗（2017）「EU の社会保障・労働政策とユーロ危機――イタリアの事例を中心に」八木紀一郎，清水耕一，徳丸宜穂編著『欧州統合と社会経済イノベーション』日本経済評論社，327-345.

ファンティ，グイド（1973）「ボローニャにおける都市政策と市民参加」『現代都市政策別巻 世界の都市政策』岩波書店，95-109.

蓑原敬（2005）「都市再生の理念と公共性の概念の再構築にむけて」植田和弘，神野直彦，西村幸夫，間宮陽介編『岩波講座　都市の再生を考える　公共空間としての都市』岩波書店，29-58.

宮本太郎（2009）『生活保障――排除しない社会へ』岩波書店

森裕之・諸富徹・川勝健志編（2020）『現代社会資本論』有斐閣

諸富徹（2003）『環境』岩波書店

Demmateris, G., Inodovina, F., Magnaghi, A., Piroddi, E., Scandurra, E., Secchi, B. (1999), *I futuri della città. Tesi a confronto*, Milano, Franco Angeli.

Hall, P., Pain, K. (eds.) (2006), *The Polycentric metropolis lerning from mega-cty regions in Europe*. London, Earthscan.

Orioli, V., Massari, M. (2020), *The plan for the conservation of the historic center of Bologna: A double legacy*, in Inoue, N., Orioli, V. (eds.). *Bologna and Kanazawa,*

Protection and valorization of two historic cities. Bononia University Press.

Paba, G. (1998), *Luoghi comuni. La città laboratorio di progetti collettivi*, Milano, Franco Angeli

Penzo, P.P. (1980), *Dopo la partecipazione*, in "Parametro", n, 84.

Putnam, R.D. (1993), *Making Democracy Work. Civic Traditions in modern Italy*. Princeton University Press. =パットナム，D. (2001)『哲学する民主主義――伝統と改革の市民的構造』河田潤一訳，NTT 出版

Massarenti F. (2017), *Le circoscrizioni di decentramenteo in Italia. L'evoluzione normativa, i fattori di crisi e le prospetticve future*, in "Istituzioni del Federalismo", Rimini, Maggioli, 251–282.

Tubertini, C. (2019), *Sviluppare l'amministrazione condivisa attraverso i principi di sussidiarietà (veritiale) e leale collaborazione: riflessioni e proposte*, in "Istituzioni del Federalismo", Rimini, Maggioli, 971–994.

Tubertini, C., Massarenti, F. (2022), *Working paper sulle circoscrizioni di decentramento del comune di Bologna*.

Vitello, P. (2022), *Servizi di prossimità*, Rivista online fondata dall'Istituto nazionale di Urbanisitica, http://www.urbanisticainformazioni.it/Servizi-di-prossimita.html

■第１章

Anders S., Große S., Krüger T. (2021), *Un-Spectacular. Small and Medium-Sized Cities are Making an Impact on Urban Research*, in D. Kleilein, F. Meyer (eds), *Post-pandemic Urbanism*, Jovis Verlag GmbH, Berlin, pp. 64–71.

Balducci A. (2020), *I territori fragili di fronte al Covid*, in A. Marson, A. Tarpino (eds), *Abitare il territorio nel tempo del Covid*, "Scienze del Territorio", special issue, Firenze University Press, pp. 169–76 (download https://oajournals.fupress.net/index.php/sdt/issue/view/511).

Beck U. (1999), *World risk society*, Polity Press, Cambridge UK - Malden, USA (It. trad. *La società globale del rischio*, Asterios, Trieste, 2001). =ベック，ウルリッヒ (2014)『世界リスク社会』山本啓訳，法政大学出版局.

Beck U. (2016), *The Metamorphosis of the World*, Polity Press, Cambridge UK - Malden, USA (It. trad. *La metamorfosi del mondo*, Tempi nuovi, Laterza, Rome-Bari, 2017). =ベック，ウルリッヒ (2017)『変態する世界』枝廣淳子，中小路佳代子訳，岩波書店.

Bianchetti C., Boano C., Di Campli A. (2020), *Against Quarantine Urbanism. Che cosa può, se può, il progetto?*, in "Territorio", no. 92, pp. 7–9.

Caudo G. (2021), *E dopo, la città che cura*, in F.C. Nigrelli (eds), *Come cambieranno le città e i territori dopo il Covid-19. Le tesi di dieci urbanisti*, Quodlibet, Macerata, pp. 85–91.

Choay F. (1965), *L'Urbanisme. Utopies et Réalités*, Editions du Seuil, Paris (It. trad. *La città. Utopie e realtà*, Einaudi, Turin, 1973).

Curci F., Pasqui G. (eds, 2022), *Territori fragili e pandemia: una sfida per le culture del progetto*, in "Territorio", no. 97 (download https://journals.francoangeli.it/index.php/territorioOA/issue/view/1000).

De Rossi A. (ed, 2018), *Riabitare l'Italia. Le aree interne tra abbandoni e riconquiste*, Donzelli, Rome.

Di Gioia A., Dematteis G. (2020), *I rischi della specializzazione mono-funzionale turistica dei sistemi montani rivelati dal Covid-19*, in A. Marson, A. Tarpino (eds), *Abitare il territorio nel tempo del Covid*, "Scienze del Territorio", special issue, Firenze University Press, pp. 126–32 (download https://oajournals.fupress.net/index.php/sdt/issue/view/511).

D'Onofrio R., Trusiani E. (2018), *Urban Planning for Healthy European Cities*, Springer, Cham, Switzerland.

Farinella R. (2020), *Retoriche urbane al tempo della pandemia*, in "Contesti. Città Territori Progetti", no.2, Firenze University Press, pp. 49–64 (download https://oajournals.fupress.net/index.php/contesti/article/view/12289).

Florida R., Rodriguez-Pose A., Storper M. (2020), *Cities in a Post-COVID World*, in "Papers in Evolutionary Economic Geography", #20. 41 (download https://peeg.wordpress.com).

Gabellini P. (2018), *Foreword: Resilience and Welfare Reform*, in R. D'Onofrio, E. Trusiani, *Urban Planning for Healthy European Cities*, Springer, Cham, Switzerland, pp. V-IX.

Harvey D. (1990), *The Condition of Postmodernity*, Basil Blackwell, Hoboken NJ (It. trad. *La crisi della modernità*, Il Saggiatore, Milan, 1993). =ハーヴェイ・D (1999)『ポストモダニティの条件』吉原直樹監訳，青木書店.

Harvey D. (2016), *Il capitalismo contro il diritto alla città*, ombre corte, Verona.

Indovina F. (2009), *Dalla città diffusa all'arcipelago metropolitano*, Franco Angeli, Milan.

Lupatelli G. (2020), *Gli economisti e le misure del benessere*, in "tra il dire e il fare. Notiziario dell'Archivio Osvaldo Piacentini", no. 6, pp. 5–9.

Lupatelli G. (2021), *Fragili e antifragili. Territori, economie e istituzioni al tempo del coronavirus*, Rubbettino, Soveria Mannelli (Catanzaro).

Manzini E. (2021), *Abitare la prossimità. Idee per la città dei 15 minuti*, Egea, Milan.

Mazzette A., Pulino D., Spanu S. (2021), *Città e territori in tempi di pandemia. Insicurezza e paura, fiducia e socialità*, Franco Angeli, Milan.

Meadows D. et al. (1972), *The Limits to Growth. A Report for the Club of Rome's Project on the Predicament of Mankind*, Universe Books, New York (It. trad. *I limiti dello sviluppo*, Mondadori, Milan, 1974) =ドネラ・H. メドウズほか (1972)『成長の限界――ローマ・クラブ「人類の危機」レポート』大来佐武郎監訳，ダイヤモンド社.

Mercalli L. (2020), *Se il pianeta è malato lo saremo anche noi: crisi climatica, ambientale e sanitaria*, in A. Marson, A. Tarpino (eds), *Abitare il territorio nel tempo del Covid*, "Scienze del Territorio", special issue, Firenze University Press, pp. 29–32 (download https://oajournals.fupress.net/index.php/sdt/issue/view/511).

Moccia F.D., Sepe M. (eds, 2021), *Benessere e salute delle città contemporanee*, INU Edizioni, Rome.

Moreno C. (2020), *Vie urbaine et proximité à l'heure du Covid-19?*, Editions de L'Observatoire, Paris.

Müller A. (2021), *From Coworking Space to Neighborhood Office*, in D. Kleilein, F. Meyer (eds), *Post-pandemic Urbanism*, Jovis Verlag GmbH, Berlin, pp. 83–95.

Nigrelli F.C. (2021), *Una visione radicale per il rilancio dell'Italia dopo la pandemia*, in F.C. Nigrelli (ed), *Come cambieranno le città e i territori dopo il Covid-19. Le tesi di dieci urbanisti*, Quodlibet, Macerata, pp. 37-70.

Nuvolati G., Spanu S. (eds, 2020), *Manifesto dei sociologi e delle sociologhe dell'ambiente e del territorio sulle città e le aree naturali del dopo Covid-19*, Ledizioni, Milan.

Pasqui G. (2021), *Coping with the Pandemic in Fragile Cities*, Springer, Cham, Switzerland.

Saragosa C. (2021), *La città e la riconquista degli spazi della libertà dopo il coronavirus*, in F.C. Nigrelli (ed), *Come cambieranno le città e i territori dopo il Covid-19. Le tesi di dieci urbanisti*, Quodlibet, Macerata, pp. 93–105.

Sgobbo A., D'Onofrio R. (2021), *Città e pandemie. Densità urbana e densificazione dopo il Covid-19*, in F.D. Moccia, M. Sepe, *Benessere e salute delle città contemporanee*, INU Edizioni, Rome, pp. 231–50.

Various Authors (2020), *Città fragili. Bari, Bergamo, Bologna, Catanzaro, Firenze, Genova, Milano, Napoli, Palermo, Roma, Torino, Venezia ai tempi del coronavirus*, ANCSA Documenti, 007.

Various Authors (2021), *Covidem*, in "ibidem. Planum readings", no. 14 (download www.planum.net).

■第２章，コラム２

井上典子（2021）『イタリア現代都市政策論――都市－農村の再編』ナカニシヤ出版

井本恭子（2020）「「近すぎない」関係の形成と「ストリート」の生成――イタリアの都市ボローニャにおける Social Street の実践」大阪大学大学院文学研究科紀要．60, 107–126

宇野二朗（2013）「ドイツ都市自治体における市民予算」『平成24年度比較地方自治研究会調査報告書』，63–106

齋藤純一（2020）『政治と複数性――民主的な公共性にむけて』岩波書店

篠原一（2004）『市民の政治学――討議デモクラシーとは何か』岩波書店

篠原一編（2012）『討議デモクラシーの挑戦――ミニ・パブリックスが拓く新しい政治』岩波書店

玉野和志（2021）「自治体の予算編成への住民参加の試み」大内田鶴子，鰺坂学，玉野和志編著『世界に学ぶ地域自治』学芸出版社，162–173

出岡直也（2012）「参加型予算（ブラジル，ポルト・アレグレ市）――大規模政治体における民衆集会的政治の可能性」篠原一編『都議デモクラシーの挑戦――ミニ・パブリックスが拓く新しい政治』岩波書店，147–175.

中田晋自（2021）「「近隣民主主義」の理念と住区評議会制」大内田鶴子，鰺坂学，玉野和志編著『世界に学ぶ地域自治』学芸出版社，126–142.

中田晋自（2022）「フランスにおける基礎自治体の「合併＝広域化」と都市内分権組織の創設――新コミューン・アヌシーの設立と住区評議会設置の事例（2017年）」『愛知県立大学外国語学部　紀要．地域研究・国際学編』54，33–60.

三浦哲司（2013）「イタリア大都市における地区行政の展開――トリノ市第２地区を手がかりに」同志社大学政策学会『同志社政策科学研究』15（１），15-28

八木紀一郎・清水耕一・徳丸宜穂編著（2017）『欧州都合と社会経済イノベーション』日本経済評論社

Centro Studi Avanzati su Consumi e Comunicazione (Ces.Co.Com), Dipartimento di Sociologia e Diritto dell'Economia dell'Università di Bologna (ed.) (2018). *Una ricerca lunga un anno, Partecipazione e immaginazione nell'esperienza dei Laboratori di Quartiere del Comune di Bologna. Sintesi dei dati di un anno di lavoro dei Laboratori di Quartiere e riflessioni sulla partecipazione a Bologna*

Committee for the Future (2005), *Regional Innovative Environments.* (Finland) https://www.eduskunta.fi/FI/naineduskuntatoimii/julkaisut/Documents/tuvje_4+2005.pdf

Comune di Bologna (2015), *Dal prossiamo mandato i quartieri passano da 9 a 6, i consiglieri da 152 a 90. Nuove funzioni e più parteciapazione* Pubblicato il: 20 Luglio 2015. http://www.comune.bologna.it/archivio-notizie/dal-prossimo-mandato-i-quartieri-passano-da-9-6-i-consiglieri-da-152-90-nuove-funzioni-e-pi#:~:text=Via%20libera%20alla%20Riforma%20dei,territori%20di%20Navile%20e%20Savena

Comune di Bologna (2014), *Regolamento sulla collaborazione tra cittadine e amministrazione per la cura e la rigenerazione dei beni comuni urbani.* https://www.comune.bologna.it/myportal/C_A944/api/content/download?id=5eb41f88d343fb00803df45c

Comune di Bologna (2016), Delibera 45841/2016 "Attuazione della Riforma dei Quartieri:aggirnamento e ricognizione ambiti di competenza degli organi dei quartieri cittadini" http://atti9.comune.bologna.it/atti/wpub_delibere.nsf/dettaglio.xsp?documentId=C5638F9BFFA6F63BC1257F93007A30D2&action=openDocument&SessionID=EBI0QHI396

Comune di Bologna (2017), *Regolamento per la disciplina del bilancio partecipativo* http://www.comune.bologna.it/sites/default/files/documenti/REGOLAMENTO%20BENI%20COMUNI.pdf

Comune di Bologna (2019), *Cittadinanza Attiva per i beni comuni* Relazione. http://partecipa.comune.bologna.it/sites/comunita/files/allegati_blog/1.patto_2019_relazione.pdf

Comune di Milano. *Regolamento per la disciplina del Bilancio Partecipativo* https://www.comune.milano.it/documents/20126/200622032/Nuovo+regolamento+Partecipazione+popolare.pdf/7365602e-2a84-00d7-eff8-ed0439f294e2?t=1631530047031

Fondazione innovazione urbana e Centro di Ricerca per l'interazione con le industrie culturali e creative (eds.) (2021). *Fondazione Innovazione Urbana. Visioni e azioni dell'istituzione dedicata alle trasformazioni di Bologna* Bologna, FIU, 18–21.

Fondazione innovazione urbana, (2020), *Agenda di Quartiere, le priorità di Porto-Saragozza Raccolte in 3 anni di laboratori* https://www.fondazioneinnovazioneurbana.it/images/Laboratori_di_Quartiere/2020_BP/2020_DOSSIER_AGENDE_QUARTIERI_PORTO_SARAGOZZA.pdf

Fondazione innovazione urbana, (2020), *Agenda di Quartiere, le priorità di Santo Stefano, Raccolte in 3 anni di laboratori* https://www.fondazioneinnovazioneurbana.it/

images/Laboratori_di_Quartiere/2020_BP/2020_DOSSIER_AGENDE_QUARTIERI_SANTO_STEFANO.pdf

Fondazione innovazione urbana, (2020), *Agenda di Quartiere, le priorità di Savena, Raccolte in 3 anni di laboratori* https://www.fondazioneinnovazioneurbana.it/images/Laboratori_di_Quartiere/2020_BP/2020_DOSSIER_AGENDE_QUARTIERI_SAVENA.pdf

Massarenti, F. (2017), *Le circoscrizioni di decentramento in Italia. L'evoluzione normativa, i fattori di crisi e le prospettive future.* "Le Istituzioni del Federalismo", Rimini, Maggioli, 251–282.

Paltrinieri, R., Allegrini, G. (2020), *Partecipazione, processi di Immaginazione Civica e sfera pubblica. I laboratori di Quartiere e il Bilancio Partecipativo a Bologna.* Milano, Franco Angeli.

Quartiere Porto-Saragozza (2022), *Programma Obiettivo Triennio 2022–2024.* https://www.comune.bologna.it/myportal/C_A944/api/content/download?id=61e83152a00a8500a53a57ab

Quartiere Savena (2022), *Programma Obiettivo Triennio 2022–2024.* http://www.comune.bologna.it/media/files/po_2224.pdf

Quartiere Santo Stefano (2022), *Programma Obiettivo Triennio 2022–2024.* https://www.comune.bologna.it/myportal/C_A944/api/content/download?id=621f600efc82fc0098ea9aa8

Quartiere Savena. (2019), *Regolamento interno del consiglio di quartiere Savena (ai sensi dell'art.17 del Rgolamento sul Decentramento)*, OdG n.23/2019. http://www.comune.bologna.it/media/files/regolamento_interno_del_consiglio_di_quartiere_savena_1.pdf

Tubertini, C. (2019), *Sviluppare l'amministrazione condivisa attraverso i principi di sussidiarietà (verticale) e leale collaborazione: riflessioni e proposte.* "Istituzioni del Federalismo", Rimini, Maggioli, 971–994.

Tubertini, C., Massarenti, F. (2022), *Working paper sulle circoscrizioni di decentramento del comune di Bologna.*

■第３章

井上典子（2023）「ボローニャ多極的大都市圏構想における自治体間連携を背景とした中山間地域の現状——サンテルノ川流域におけるクリ林共同管理体制の変化」長野県地方自治研究センター『信州自治研』，No.371, 2–11

中西優美子「EU 法における環境統合原則」庄司克宏編著『EU 環境法』慶應義塾大学出版会，115–150.

諸富徹（2020）「地域エネルギーと社会資本—集中型電力システムから分散型電力システムへ」森裕之・諸富徹・川勝健志編『現代社会資本論』有斐閣，134–154.

諸富徹編著（2015）『再生可能エネルギーと地域再生』日本評論社

松岡俊二編（2018）『社会イノベーションと地域の持続性——場の形成と社会的受容性の醸成』有斐閣

八木紀一郎（2017）「地域を基礎においた社会的・経済的イノベーション——ソーシャ

ル・イノベーションとスマートスペシャリゼーション」八木紀一郎，清水耕一，徳丸宜穂編著『欧州統合と社会経済イノベーション』日本経済評論社，435–462

Agenzia prevenzione ambiente energia emilia-romagna (ed.) (2020). *Rapporto energia dell'Emilia-Romagna.* https://energia.regione.emilia-romagna.it/documenti/doc-2020/rapporto-energia-emilia-romagna-2020

Città metropolitana di Bologna, comune di Bologna (2017). *Piano Urbano delle Mobilità sostenibile.*

Comune di Bologna, *Piano d'azione per l'energia sostenibile ed il clima (Paesc) del Comune di Bologna.* https://www.comune.bologna.it/myportal/C_A944/api/content/download?id=632c08ea634bdb0099c3a7ed

Città metropolitana di Bologna, comune di Bologna (2019). *Piano Urbano della Mobilità Sostenibile.* https://pumsbologna.it/Engine/RAServeFile.php/f/allegati/PUMS-BOLOGNA-METROPOLITANA-SINTESI-DIVULGATIVA.pdf

Green Energy Community (ed.) (2020). *Le comunità energetiche in Italia. Una guida per orientare i cittadini nel nuovo mercato dell'energia.*

Ministero dell' Ambiente e della Sicurezza Energetica (2017), *Piano nazionale di Adattamento ai Cambiamenti Climatici (PNACC).* https://politichecoesione.governo.it/media/2868/pnacc_luglio-2017.pdf

Regione Emilia Romanga, *Strategia di mitigazione e adattamento per i cambiamenti climatici della Regione Emilia Romagna.*

Scotti, C. (ed.) (2021), *La castanicoltura Emiliano-romagnola sequestra carbonio organico nel suolo.*

Scotti, C. (ed.). *La Biodiversità dei castagneti tradizionali da frutto Emiliano-Romagnoli*

■第4章

Acuto, M., Steenmans, K., Iwaszuk, E., & Ortega - Garza, L. (2019), *Informing urban governance? Boundary - spanning organisations and the ecosystem of urban data.* Area, 51(1), 94–103. https://doi.org/10.1111/area.12430

Albrechts, L. (2013). *Reframing strategic spatial planning by using a coproduction perspective.* "Planning Theory", 12(1), 46–63. https://doi.org/10.1177/1473095212452722

Allegrini, G., & Paltrinieri, R. (2018), *Partecipazione e collaborazione negli interventi di comunità: L'esperienza dei laboratori di quartiere del Comune di Bologna. Partecipazione e Collaborazione Negli Interventi Di Comunità: L'esperienza Dei Laboratori Di Quartiere Del Comune Di Bologna,* 29–44.

Amin, A., & Thrift, N. (2002), *Cities: Reimagining the urban.* Polity Press.

Appadurai, A. (2006), *The right to research. Globalisation, Societies and Education,* 4(2), 167–177.

Avermaete, T., Hooimeijer, F., & Schrijver, L. (2006). *Editorial.* "OASE", 71, 2–6.

Balducci, A. (2015), *Strategic planning as the intentional production of a "Trading Zone."* City, "Territory and Architecture", 2(1), 7. https://doi.org/10.1186/s40410-014-0021-2

Balducci, A., Boelens, L., Hillier, J., Nyseth, T., & Wilkinson, C. (2011), *Introduction:*

Strategic spatial planning in uncertainty: theory and exploratory practice. "Town Planning Review", 82(5), 481–501. https://doi.org/10.3828/tpr.2011.29

Balducci, A., & Mäntysalo, R. (Eds.). (2013), *Urban Planning as a Trading Zone.* Netherlands Springer. https://doi.org/10.1007/978-94-007-5854-4

Bergvall-Kåreborn, B., Eriksson, C. I., & Ståhlbröst, A. (2015), *Places and Spaces within Living Labs.* "Technology Innovation Management Review", 5, 37–47. https://doi.org/10.22215/timreview/951

Borghi, V. (2018), *From knowledge to informational basis: Capability, capacity to aspire and research.* "Critical Sociology", 44(6), 899–920.

Bureau of European Policy Advisers. (2014), *Social innovation: A decade of changes : a BEPA report.* Publications Office.

Calvaresi, C., & Lazzarino, E. (2018), *Community hub: Un nuovo corso per la rigenerazione urbana?* "TERRITORIO", 84, 77–78. https://doi.org/10.3280/TR2018-084011

De Bonis, L., Leanza, E., Marsh, J., & Trapani, F. (2014), *Per una ricapitalizzazione efficacemente co-creativa dei sistemi territoriali italiani.* "L'urbanistica italiana nel mondo. Prospettive internazionali, contributi e debiti culturali-XVII Conferenza Nazionale Società Italiana degli Urbanisti".

Gabellini, P. (2018), *Le mutazioni dell'urbanistica: Principi, tecniche, competenze.* Roma, Carocci.

Galison, P. (2013), *Trading plans.* In "Urban planning as a trading zone" (pp. 195–207). Springer.

Galison, P., & Biagioli, M. (1999), *Trading zone: Coordinating action and belief.* "The Science Studies Reader". London: Routledge, 137–160.

Garcia, M. (2006), *Citizenship practices and urban governance in European cities.* "Urban Studies", 43(4), 745–765.

Gerometta, J., Haussermann, H., & Longo, G. (2005), *Social Innovation and Civil Society in Urban Governance: Strategies for an Inclusive City.* "Urban Studies", 42(11), 2007–2021. https://doi.org/10.1080/00420980500279851

González, S., Moulaert, F., & Martinelli, F. (2010), *ALMOLIN: How to analyse social innovation at the local level? In Can Neighbourhoods Save the City?* (pp. 65–83). London, Routledge.

Hillier, J. (2011), *Strategic navigation across multiple planes: Towards a Deleuzean-inspired methodology for strategic spatial planning.* "The Town Planning Review", 503–527.

Il Piano per l'innovazione urbana di Bologna. Retrieved January 30, 2022, from http://www.comune.bologna.it/pianoinnovazioneurbana/

Latour, B. (2018), *Down to earth: Politics in the new climatic regime,* London, John Wiley & Sons.

MacCallum, D., & Haddock, S. V. (2016), *Social Innovation and Territorial Development* (F. Moulaert, ed.). London, Routledge. https://doi.org/10.4324/9781315609478

Mäntysalo, R., Balducci, A., & Kangasoja, J. (2011), *Planning as agonistic communication in a trading zone: Re-examining Lindblom's partisan mutual adjustment.* "Planning

Theory", 10(3), 257–272. https://doi.org/10.1177/1473095210397147

Manzini, E. (2015), *Design, when everybody designs: An introduction to design for social innovation*, Boston, MIT press.

Manzini, E., & Staszowski, E. (2013), *Public and collaborative: Exploring the intersection of design, social innovation and public policy*. DESIS network

Massari, M. (2020), *Towards the Enabling City: Intermediate Places between Practices and Planning for Social Innovation in Bologna* [Alma Mater Studiorum - Università di Bologna]. http://amsdottorato.unibo.it/9457/3/massari_martina_tesi.pdf

Monardo, B., & Massari, M. (2021), *Emerging Interpretation Models of Social and Institutional Innovation in the City. The Role of 'Intermediate Places' Between the USA and Italy*. "Smart and Sustainable Planning for Cities and Regions: Results of SSPCR" 2019, 399.

Monardo, B., & Massari, M. (2020), *A New Generation of 'Urban Centers': 'Intermediate Places' in Boston and Bologna*. 925–938.

Moulaert, F., MacCallum, D., Mehmood, A., & Hamdouch, A. (2010), *Social Innovation: Collective action, social learning and transdisciplinary research. Final report: Towards a handbook*. KATARSIS, 29044, 1–220

Moulaert, F., MacCallum, D., Mehmood, A., & Hamdouch, A. (2013), *The International Handbook on Social Innovation*. Edward Elgar Publishing.
https://doi.org/10.4337/9781849809993

Moulaert, F., Martinelli, F., González, S., & Swyngedouw, E. (2007), *Introduction: Social innovation and governance in European cities: Urban development between path dependency and radical innovation*. "European Urban and Regional Studies", 14(3), 195–209.

Moulaert, F., & Nussbaumer, J. (2005), *Defining the Social Economy and its Governance at the Neighbourhood Level: A Methodological Reflection*. "Urban Studies", 42(11), 2071–2088. https://doi.org/10.1080/420980500279752

Mulgan, G. (2006), *The Process of Social Innovation*. "Innovations: Technology, Governance, Globalization", 1(2), 145–162. https://doi.org/10.1162/itgg.2006.1.2.145

Murray, R., Caulier-Grice, J., & Mulgan, G. (2010), *The open book of social innovation*. 224.

Oldenburg, R. (2007), *The character of third places*, London, Routledge.

Oldenburg, R., & Brissett, D. (1982), *The third place*. "Qualitative Sociology", 5(4), 265–284. https://doi.org/10.1007/BF00986754

Oosterlynck, S., Van den Broeck, J., Albrechts, L., Moulaert, F., & Verhetsel, A. (2011), *Strategic spatial projects*. "Catalysts for Change" (Abingdon: Routledge).

Orioli, V. (2016), *Le sfide della continuità*. "Urbanistica", 68(158), 97–100.

Orioli, V., & Massari, M. (2020), *Lo spazio dell'interazione: Luoghi, attori e strumenti a Bologna*. "Le Nuove Comunità Urbane e Il Valore Strategico Della Conoscenza. Come i Processi Cognitivi Possono Motivare La Politica, Garantire l'utilità Del Piano, Offrire Una via d'uscita Dall'emergenza". Roma_Milano: Planum Publisher, 186–192.

Ostanel, E. (2017), *Spazi fuori dal comune: Rigenerare, includere, innovare*. Milano

Franco Angeli.
Sandercock, L. (2004), *Towards a Planning Imagination for the 21st Century.* "Journal of the American Planning" Association, 70(2), 133–141. https://doi.org/10.1080/01944360408976368
Sennett, R. (2012), *Together: The rituals, pleasures, and politics of cooperation.* Yale University Press.
Sennett, R. (2017), *The open city.* In T. Haas & H. Westlund (Eds.), In *The Post-Urban World Emergent Transformation of Cities and Regions in the Innovative Global Economy.* Routledge. https://doi.org/10.4324/9781315672168
Sennett, R. (2018), *Costruire e abitare: Etica per la città (C. Spinoglio, Trans.).* Milano, Feltrinelli Editore.
Servillo, L. A., & Van Den Broeck, P. (2012), *The Social Construction of Planning Systems: A Strategic-Relational Institutionalist Approach.* "Planning Practice and Research", 27 (1), 41–61. https://doi.org/10.1080/02697459.2012.661179
Vicari Haddock, S., & Moulaert, F. (2009), *Rigenerare la città: Pratiche di innovazione sociale nelle città europee.* Bologna Il Mulino.
Watson, S. (2018), *The Challenges of collaboration and democratic participation in turbulent and unsettled times.* "Tracce Urbane. Rivista Italiana Transdisciplinare Di Studi Urbani", 2(3). https://doi.org/10.13133/2532-6562_2.3.14302
Zandonai, F., & Venturi, P. (2019), *Dove: La dimensione di luogo che ricompone impresa e società.* EGEA spa.

（翻訳に用いた参考文献）
アッシュ，アミン（2008）「開かれた地域―場所の新しい政治学に向けて」森正人訳，九州大学大学院人文科学研究院地理学講座『空間・社会・地理思想』12号，59–72.
ラトゥール，ブリュノ（2019）『社会的なものを組みなおす――アクターネットワーク理論入門』伊藤嘉高訳，法政大学出版局（＝Latour, B.（2005）Reassembling the Social: An Introduction to Actor-network-theory）

■コラム3

井本恭子（2020）「「近すぎない」関係の形成と「ストリート」の生成――イタリアの都市ボローニャにおけるSocial Streetの実践」大阪大学大学院文学研究科紀要．60, 107–126
Beranbei, G., Gresleri, G., Zagnoni, S. (1984), *Bologna Moderna 1860–1980,* Bologna, Patron
Comune di Bologna. *Cittadinanza Attiva per i beni comuni Relazione.* http://partecipa.comune.bologna.it/sites/comunita/files/allegati_blog/1.patto_2019_relazione.pdf
Fondazione innovazione urbana e Cetnro di Ricerca per l'interazzione con le industrie culturali e creative (eds.) (2021), *Fondazione Innovazione Urbana. Visioni e azioni dell'istituzione dedicata alle trasformazioni di Bologna 18–21.*
Instabile Portazza - Community Creative Hub - Lo Yeti in Concerto a #Instabile per #BolognaEstate2018 | Facebook
Instabile Portazza, l'edificio: https://www.Instabile Portazza.it/ledificio-e-larchitetto/

Istituto per i beni artistici culturali e naturali della regione emilia-romanga, (2005). *Quale e quanta, Architettura in Emilia-Romagna nel secondo Novecento.*Clueb.

La Repubblica Archivio, Patto di collaborazione Associazione Pro. Muovo a.p.s.anno 2019.https://ricerca.repubblica.it/repubblica/archivio/repubblica/2016/09/03/patto-con-acer-il-centro-civico-rinasceraBologna05.html

Paltrinieri, R., Allegrini, G. (2020), *Partecipazione, processi di Immaginazione Civica e sfera pubblica. I laboratori di Quartiere e il Bilancio Partecipativo a Bologna.* Milano, Franco Angeli.

Social Street: http://www.socialstreet.it/; http://www.socialstreet.it/social-steet/

Vigliante, G., Interventi all'istruttoria pubblica sulla riforma del decentramento a Bologna. http://www.comune.bologna.it/media/files/vigilante.pdf

■第 5 章

Bernabei, G.; Gresleri, G.; Zagnoni, S. (1984), *Bologna moderna 1860–1980*, Bologna, Pàtron,

Caruso E. (2021), *"R" come Resilienza e Rigenerazione al Quadrilatero Scalo Malvasia*, https://www.chiara.eco/r-come-resilienza-e-rigenerazione-al-quadrilatero-scalo-malvasia/

Comune di Bologna (2021a), *Piano Urbanistico Generale. Profilo e conoscenze*, https://sit.comune.bologna.it/alfresco/d/d/workspace/SpacesStore/066fec48-4809-4850-b86f-d16cbf8de3b9/01_ProfiloConoscenze_APPRweb.pdf

Comune di Bologna (2021b), *Piano Urbanistico Generale*, http://dru.iperbole.bologna.it/pianificazione?filter=Piano%20Urbanistico%20Generale%20(PUG)

Evangelisti, F. (2021), *Lo sguardo del piano sulla casa*, in Guerzoni, M. (ed.), *Mille case per Bologna*, Macerata, Quodlibet. pp.235–246.

Fondazione Innovazione Urbana (2019), *"Il Parco della Resilienza". Report conclusivo prima fase del percorso di coinvolgimento*, https://www.fondazioneinnovazioneurbana.it/images/Laboratori_di_Quartiere/Parco_della_Resilienza__report_conclusivo_prima_fase.pdf

Fondazione Innovazione Urbana (2021), *Immaginare la città di prossimità. Bologna, i suoi quartieri e le sue comunità*, in: Id, *Visioni e azioni dell'istituzione dedicata alle trasformazioni di Bologna* 18–21, FIU, Bologna, pp. 112–125

Gabellini P. (2020), *Il nuovo piano di Bologna, più strategico che strutturale. Una radicalità su cui riflettere*, "Territorio", n. 94, pp. 21–32

Gentili, A. (ed.) (2018), *Indagine sul mercato degli alloggi in locazione nel comune di Bologna*, Fondazione di Ricerca Istituto Carlo Cattaneo, Bologna.

Guerzoni, M. (ed.) (2021), *Mille case per Bologna*. Macerata, Quodlibet.

"Il Comune di Bologna" (1937), n. 5, Maggio.

Maggio, M. (2018), *Bologna. La domanda di casa. Una lettura delle graduatorie comunali 2018*, Università di Bologna e Comune di Bologna.

Orioli, V. (2019), *Città collaborative e rigenerazione urbana. L'esperienza di Bologna*, in Alvisi, C. et al., *New policies and practices for European sharing cities*, Dipartimento di

Scienze Politiche e Sociali, Università di Bologna, pp. 409–429

Orioli, V., Massari, M. (2020), *Lo spazio dell'interazione: luoghi, attori e strumenti a Bologna*, in Talia, M., *Le nuove comunità urbane e il valore strategico della conoscenza. Come i processi cognitivi possono motivare la politica, garantire l'utilità del piano, offrire una via d'uscita dall'emergenza*, Planum Publisher, Roma-Milano, pp. 186–192

Ramazza, S. (1982), *Le realizzazioni dello Iacp di Bologna dal 1906 al 1940*, "Storia urbana", a. VI, n. 20, luglio-settembre

Regione Emilia Romagna (2019), *Progettare la bellezza. Pratiche di rigenerazione urbana in Emilia-Romagna*, Regione Emilia-Romagna, Bologna.

Various Autori (1996), *Per Bologna. Novant'anni di attività dell'Istituto Autonomo Case Popolari, 1906–1996*, Iacp, Bologna

Various Autori (2020), *Bologna riparte. Oltre l'emergenza coronavirus*, Comune di Bologna - Fondazione per l'Innovazione Urbana, Bologna, https://www.fondazioneinnovazioneurbana.it/images/2020_10_14_Bolognariparte/BOLOGNA_RIPARTE_Oltre_lemergenza_Coronavirus.pdf

■コラム4

井上典子（2020）『イタリア現代都市政策論――都市―農村の再編』ナカニシヤ出版

大場茂明（2019）『現代ドイツの住宅政策――都市再生戦略と公的介入の再編』明石書店

岡本詔治（2006）『イタリア不動産法の研究』晃洋書房

小玉徹・大場茂明・檜谷美恵子・平山洋介（1999）『欧米の住宅政策――イギリス・ドイツ・フランス・アメリカ』ミネルヴァ書房

平山洋介（2020）『マイホームの彼方に――住宅政策の戦後史をどう読むか』筑摩書房

平山洋介（2022）「郊外再論――反都市の系譜」日本都市計画学会.『都市計画』71（2），20–23.

吉弘憲介（2020）「居住福祉と社会資本――市場化・分権化する住宅政策からのビジョン」森裕之・諸富徹・川勝健志編『現代社会資本論』有斐閣，92–114.

ロー，スチュアート（2017）『イギリスはいかにして持ち家社会となったか――住宅政策の社会学』祐成保志訳，ミネルヴァ書房

Antonini, E. (2017), *Eredità pesante. Recuperare l'edilizia sociale: una risorsa, un'esigenza*, in Balducci, V., Orioli, V (eds.) *Le forme dello spazio abitabile. Trasformazione dell'housing sociale a Cesena, Forlì, Bologna*, Bononia University.

Bonfantini, B. (2021), *Questioni di casa*, in Guerzoni, M. (ed.) *Mille case per Bologna*. Macerata, Quodlibet. 199–207.

Bricocoli, M. (2021), *La casa sociale Intersezioni e prospettive per le politiche urbanisitiche e di welfare locale*. in Guerzoni, M (ed.) *Mille case per Bologna*. Macerata, Quodlibet. 209–216.

Calabi, D. (2000), *Storia dell'urbanisitica europea. Questioi, strumenti, casi esemplari*. Torino, Paravia.

Caruso, N. (2017), *Policies and practices in Italian Welfare Housing, Turin, up to the current neo-liberal approach and social innovation practices*. Cham, Switzerland, Springer.

Città metropolitana di Bologna, *La domanda e l'offerta di alloggio sociale. Contesto del piano territoriale metropoltano*

CECODHAS (2011). *Housing Europe Review 2012, The nuts and bolts of European social housing systems.* https://www.housingeurope.eu/resource-105/the-housing-europe-review-2012

Comune di Bologna, Settore Economia e Attività turistiche, (2003), *Variante al progetto di valorizzazione commerciale (art.8 della Legge Reionale 5 luglio 1999, n.14) e qualificazione dell 'area "Quadrilatero", approvato con deliberazione di giunta 30 gugno 2003, Prog.n.167.*
http://informa.comune.bologna.it/iperbole/media/files/pvc_quadrilatero.pdf

Di Biagi, P. (2001), *La grande ricostruzione*, Roma, Donzelli.

Federcasa (2013), *Abitazioni sociali. Motore di sviluppo* - Fattore di coesione https://www.senato.it/application/xmanager/projects/leg17/attachments/documento_evento_procedura_commissione/files/000/001/276/federcasa.pdf

Federcasa (2020), *Dimensione del disagio abitativo pre e post emergenza Covid-19.* http://cms.federcasa.it/download.aspx?id=9fe957dd-f413-476f-ba81-4c05cf30149e

Gabellini, P. (2001), *I manuali:una srategia normativa*, in Di Biagi, P. (ed.) *La grande ricostruzione*, Roma, donzelli. 99–111

Guerzoni, M., Calastri, S., Cabré, E., Arrondo, M. (eds.) (2020), *Abitare collaborare (dwelling collaborating) Bologna - Barcellona*, Forli, Stc tipografico

Gabellini, G. (2021), *Sulla prossimità*, in Guerzoni, M (ed.) *Mille case per Bologna.* Macerata, Quodilibet 217–224.

Poretti, S. *Le tecniche edilizie: modelli per la ricostruzione*, in Di Biagi, P. (ed.) *La grande ricostruzione*, Roma, Donzelli. 113–127

Urbani, P. (2010), *L'edilizia residenziale pubblica tra Stato e autonomie locali.* L'articolo trae spunto dalla Relazione al Convegno "Diritti fondamentali e politiche dell'UE dopo Lisbona," Pescara, 6–7 maggio 2010.

ISTAT (2021), *Le statistiche dell'ISTAT sulla povertà anno* 2020. *Torma a creare la poverstà assoluta.* https://www.istat.it/it/files/2021/06/REPORT_POVERTA_2020.pdf

Orioli, V. (2022), *Note sull' edilizia pubblica in Italia nel XX secolo*, working paper.

Nadotti,C. (2021), *Istat: In Italia nel 2020 un milione di persone in più in povertà assoluta L'aumento maggiore al Nord, la Repubblica*, 04 MARZO 2021.

Laurenti, M., Trentin, M. (eds.) (2021), *Legambiente. Ecosistema urbano: Rapporto sulle performance ambientali della città 2021.*

Ministero del Lavoro e delle politiche sociali (2021), *Piano nazionale degli interventi e dei servizi sociali 2021–2023.* https://www.lavoro.gov.it/priorita/Documents/Piano-Nazionale-degli-Interventi-e-dei-Servizi-Sociali-2021-2023.pdf

■第６章・コラム５

池上俊一（2002)「中世都市と広場――シエナのカンポ広場を中心に」高山博・池上俊一編『宮廷と広場』刀水書房，231–251

石原武政（2006)「まちづくり三法見直しの意義」流通経済経研究所『流通情報』(444)，4–9

石原武政（2015）「商店街・小売市場に何を期待するのか」公益財団法人神戸都市問題研究所『都市政策』159，4-10.
石原武政（2019）「戦前の百貨店問題と百貨店法（上）」流通経済研究所『流通情報』51（1），36-57
石原武政（2019）「戦前の百貨店問題と百貨店法（下）」流通経済研究所『流通情報』51（2），60-75
奥井復太郎（1938）「商店立地と商業空間の設計」『財政経済時報』第25巻第7号，昭和13年7月（河合隆男・山岸健・藤田弘夫監修（1996）『奥井復太郎著作集』第6巻，大空社収録）
奥井復太郎（1938）「商店街成立の過程」『財政経済時報』第25巻第11号，昭和13年11月（河合隆男・山岸健・藤田弘夫監修（1996）『奥井復太郎著作集』第6巻，大空社収録）
大谷幸夫（2012）『都市空間のデザイン――歴史のなかの建築と都市』岩波書店
木地節郎（1960）「商業空間構成についての一考察」同志社大学商学会，12（1）62-79.
小泉秀樹（2017）「人口減少時代のまちづくり：まちづくり三法からプレイスベーストな地域再生へ」自治労サービス『月刊自治研』59（698）29-37
後藤寛・長岡かなえ（2019）「大都市郊外住宅地における買い物難民の定量的把握――横浜市保土ケ谷地区・旭区を事例に」『横浜市立大学論叢人文科学系列』71（1・2），79-102
辻原万規彦，藤岡里圭（2005）「アーケードの原型としての日覆いに関する研究」日本建築学会『日本建築学会計画系論文集』70（596），85-92.
初田亨（1999）『百貨店の誕生』筑摩書房.（1993年初版，三省堂）
林雅樹（2010）「わが国大規模店舗政策の変遷と現状」国立国会図書館調査及び立法考査局，レファレンス，国立国会図書館調査及び立法考査局編 60（9），73-90.
ハーヴェイ，D.（2017）『パリ――モダニティの首都』大城直樹・遠城明雄訳，青土社.
藤森昭信（2004）『明治の東京計画』岩波書店.（1982年初版）
水内俊雄・加藤政洋・大城直樹（2008）『モダン都市の系譜――地図から読み解く社会と空間』ナカニシヤ出版
宗田好史（2000）『にぎわいを呼ぶイタリアのまちづくり――歴史的景観の再生と商業政策』学芸出版社
山口昌男（2005）『「敗者」の精神史（上）』岩波書店.（1995年初版）
渡辺達朗（2014）『商業まちづくり政策――日本における展開と政策評価』有斐閣
Antonucci, M., Selmi, F.（2020）, *The Image of contemporary Bologna: Histories, Identities and Media,* in Inoue, N., Orioli, V.（eds.）*Bologna and Kanazawa protection and valorization of two historic cities.* Bononia University Press. pp.151-170.
Balducci, V. Brighi, E. Orioli, V.,（2015）, *Il mercato e la città. Lo spazio pubblico del commercio.* in Arredo&Città 2/2015,
Battilani（2007）. *L'emengenza dell' Economia postmoderna,* in Battilani. P., Bertagnoni, G.（eds.）*Competizione e valorizzazione del lavoro. La rete cooperativa del Consorzio nazionale servizi.* Bologna, il Mulino. 29-95.
Bonazzi, A., Frix, E.（eds.）（2019）, *Mercati storici e consumo urbano. Il caso di Bologna.*
Calabi, D.（1993）, *Il marcato e la città. Piazze, strade, architettura d'Europa in età moderna,* Venezia, Marsilio.

Clerici, M.A. (2017), *Il commercio nella regione urbana milanese: geografie, trasformazioni, politiche*, in Viganoni, L. (ed.) (2017), *Commercio, consumo e città: pratiche, pianificazione e governance per l'inclusione la resilienza e la sostenibilità*, Milano, Franco Angeli, 203–211.

Clerici, M. A. (2017), *Le città medie nelle politiche di coesione 2014–2020*, in Viganoni, L. (ed.). *Commercio, consumo e città: pratiche, pianificazione e governance per l'inclusione la resilienza e la sostenibilità*, Milano, Franco Angeli 71–93.

Clerici, M.A. (2019), *Competere nel commercio Milano e le clttà medie traderegulation e grande recessione*, Milano, Franco Angeli

Comune di Bologna, (2003). Settore Economia e Attività turistiche, Variante al progetto di valorizzazione commerciale (art.8 della Legge Reionale 5 luglio 1999, n.14) e qualificazione dell'area "Quadrilatero", approvato con deliberazione di giunta 30 gugno 2003, Prog.n.167.

Coppa, M. (1981), *Storia dell'urbanisitica Le età ellenistiche*, Roma, Officina Edizioni.

Fanelli, G. (1980), *Firenze*, Roma-Bari, Editori Laterza

Karrer F. (1997), *Cambiare le destinazioni d'uso: ovvero la ⟨posta⟩ a maggior rischio nel recupero degli immobili dismessi e fattispecie concreta del ⟨gioco⟩ pubblico/privato*, in Falini P. (ed.) *I territori della riqualificazione urbana*, Officina Edizioni.

Knox. L.P., Mayer, H. (2009), *Small Town Sustainability. Economic, Social, and Environmental Innovation*. Birkhäuser: Basel

Hall, P., Pain, K. (2009), *The polycentric Metropolis. Learning from mega-city regions in Europe. Earthscan**London/Washington, DC.

L'U.O.dell'Università di Bologna, (2017), *Eating Bologna: Mercato delle Erbe, Mercato di Mezzo, F.I.C.O. Geografia di una "città à la carte"* in Viganoni, L. (ed.). *Commercio, Consumo e Città Quaderno di lavoro: Pratiche, pianificazione e governance per l'inclusione, la resilienza e la sostenibilità urbane*, Milano, Franco Angeli 163–173.

Morandi, C. (2007), *Il commercio nei programmi di riqualificazione urbana a Milano. Retail and urban regeneration* in Milano, "CIUDADES", 10, 159–170.

Viganoni, L. (ed.) (2015), *Commercio, consumo e città. Quaderno di lavoro. Pratiche, pianificazione e governance per l'inclusione, la resilienza e la sostenibilità urbane*. Milano, Franco Angeli

L'U.O.dell'Università di Napoli *L'Orientale* (2017), in Viganoni, L. (ed.). *Commercio, consumo e città: pratiche, pianificazione e governance per l'inclusione, la resilienza e la sostenibilità, urbane* Milano, Franco Angeli 111–162.

Zinzani, A. (2019), *La rigenerazione del Quadrilatero e del Mecato di Mezzo*, in Bonazzi, A, Frixa, E. (eds.) *Mercati Storici, Rigenerazione e Consumo Urbano. Il caso di Bologna*, Milano, Franco Angeli

■第７章

カンパニーニ，A., フォルトウナト，V. (2019)「ヨーロッパの社会構築とソーシャルワーク」高島恭子訳，日本ソージャルワーカー協会『ソーシャルワーカー』(18) 57–66

小島晴洋 (1999)「社会保障」馬場康雄・奥島孝康編『イタリアの社会』早稲田大学出版

部，158-172.
小島晴洋・小谷眞男，鈴木桂樹，田中夏子，中益陽子，宮崎理枝（2009）『現代イタリアの社会保障――ユニバーサリズムを超えて』旬報社
槌田洋（2020）「社会資本と公共サービス・参加型予算――公共サービスの拠点としての社会資本」森裕之・諸富徹・川勝健志編『現代社会資本論』有斐閣，224-244.
森本佳樹（2017）「地域福祉計画とコミュニティ」伊藤守他編『コミュニティ事典』春風社，538-539.
AUSL della Romagna. https://www.auslromagna.it/
Barca, M. Gavazzi, R., Viaggi, A. (eds.) *La valutazione dell'assistente sociale nell'area dei servizi anziani del comune di Bologna*: l'Indice di Autonomia sociale.
Città metropolitana di Bologna, Accordo attuativo della convenzione quadro per la collaborazione istituzionale fra la città metropolitana e gli enti capofila dei distretti socioìsanitari di pianura est, appennio bolognese, pianura ovest, San Lazzaro di Savena per la realizzazione e collaborazione nel settore sociale, socio sanitario e delle pari opporutnità nell'ambito delle attività della conferenza territoriale sociale , socio sanitario e delle pari opportunità nell'ambito delle attività della conferenza territoriale sociale e sanitaria metropolitana. https://www.cittametropolitana.bo.it/portale/Engine/RAServeFile.php/f/Accordo_San_Lazzaro_firmato_PG_38335-18.pdf
Comune di Bologna (2018), *Piano di zona. Per la salute e il benessere sociale, 2018-2020. Il contesto, il percorso, le priorità. Distretto città di Bologna.* https://www.comune.bologna.it/myportal/C_A944/api/content/download?id=62fe1acc6aec8e00a19ce03a
Comune di Bologna (2019), *Piano di zona. Per la salute e il benessere sociale, distretto città di Bologna, Programma attuativo annuale 2019 del piano di zona per la salute e il benessere sociale (2018-2020)*. https://www.comune.bologna.it/myportal/C_A944/api/content/download?id=62fe1c856aec8e00a19ce307
ISTAT (2020), La spesa dei comuni per i servizi sociali, Anno 2017.
Ministero del lavoro e delle politiche sociali (2021). *Piano nazionale degli interventi e dei servizi ociali 2021-2023* https://www.lavoro.gov.it/priorita/Documents/Piano-Nazionale-degli-Interventi-e-dei-Servizi-Sociali-2021-2023.pdf
Ministero della sanità, *Piano sanitario nazionale 1998-2000* https://www.salute.gov.it/imgs/C_17_pubblicazioni_947_allegato.pdf
Non perdiamo la testa, https://www.nonperdiamolatesta.it/
Servizio politiche sociali e socio educativo, Regione Emilia Romagna, Direzione generale cure della persona, salute e welfare (2017), Il piano sociale e sanitario della regione emilia-romagna
Zanardi, A., Nicoli, M. A. (eds.) (2015), *Evoluzione del welfare regionale nel contesto del federalismo. Regione Emilia Romagna servizio sanitario regionale* Emilia-Romagna, Agenzia sanitaria e sociale regionale.

■まとめにかえて

井上典子（2021）『イタリア現代都市政策論――都市―農村の再編』ナカニシヤ出版
森本佳樹（2017）「地域福祉計画とコミュニティ」伊藤守他編著『コミュニティ事典』春

風社，pp.538–539.
山田公平（2008）「イタリア・ボローニャ市地区評議会（CdQ）システムと市民参加の現状」コミュニティ政策学会『コミュニティ政策』６，99–123.
Paba, G. (1998). *Luoghi comuni. La città laboratorio di progetti collettivi*, Milano, Franco Angeli

＊サイトの最終閲覧は，すべて2022年９月28日である。

索引

タ行

ハ行

マ行

ヤ行

ラ行

アルファベット

〈編者〉

井上典子

追手門学院大学教授

ローマ大学ラ・サピエンツァにおいて、都市・地域計画分野の PhD.

Inoue, N. (2017), "Moderna e globale. Osaka e le sue trasformazioni urbanistiche," in Marchi, M. (ed.), *Città dell'Asia*, Bononia University Press.

Inoue, N., Orioli, V. (eds.) (2020), *Bologna and Kanazawa. Protection and valorization of two historic cities*, Bononia University Press.

井上典子（2021）『イタリア現代都市政策論——都市－農村関係の再編』ナカニシヤ出版。

などがある。

イタリア都市再生の質的検証

新しい近接性の形成に向けて

2023 年 2 月 28 日　　初版第 1 刷発行

編　者　井上典子

発行者　中西　良

発行所　株式会社ナカニシヤ出版

〒606-8161 京都市左京区一乗寺木ノ本町 15 番地

TEL 075-723-0111　FAX 075-723-0095

http://www.nakanishiya.co.jp/

装幀＝白沢　正

印刷・製本＝亜細亜印刷

ISBN978-4-7795-1725-9　C3033

イタリア現代都市政策論
都市－農村関係の再編

井上典子

自治体間連携のあり方を模索するイタリアの大都市圏。持続可能な都市発展のあり方を目指すボローニャ大都市圏を中心に現代イタリアの都市政策を考察し、大都市圏都市政策の可能性を探る。　三六〇〇円＋税

ヨーロッパのデモクラシー　改訂第2版

網谷龍介・伊藤武・成廣孝 編

欧州29ヵ国の最新の政治情勢を紹介する決定版！　移民とポピュリズム、政党不信と大連立――民主主義をめぐるさまざまな困難に立ち向かうヨーロッパ政治のいまを各国別に紹介。最新の政治状況を反映した改訂版。　三六〇〇円＋税

ヨーロッパ・デモクラシーの論点

伊藤武・網谷龍介 編

左右のポピュリズムの台頭、ユーロ危機、イギリスのEU脱退、難民危機――。従来の政党システムが揺らぐなかで、危機と刷新に直面するヨーロッパ・デモクラシーの原状を、テーマ別に解説する。　二八〇〇円＋税

国民再統合の政治
福祉国家とリベラル・ナショナリズムの間

新川敏光 編

各国で移民問題が深刻化し排外主義が台頭するなか、新たな統合の枠組としてリベラル・ナショナリズムが提唱されている。国民統合戦略の移行のなかで、福祉国家の弱体化、極右政党の台頭、多文化主義の実態を分析。　三六〇〇円＋税